데일카네기
인생 경영 수업

데일카네기
인생 경영 수업

초판 발행	2024년 12월 07일
초판 인쇄	2024년 12월 12일
지은이	데일카네기
디자인	김명선
펴낸이	김태헌
펴낸곳	스타파이브
주소	경기도 고양시 일산서구 대산로 53
출판등록	2021년 3월 11일 제2021-000062호
전화	031-911-3416
팩스	031-911-3417

데일카네기

인생 경영 수업

데일카네기 지음

세계를 움직인 33명의 명사가 들려주는 성공의 비밀!
당신의 인생을 변화시킬 5분간의 전기

Contents

"요리 할 줄 아나?"라는 질문 하나로 지구의 끝까지 갔다

아프리카의 야생에서 수천마리의 사자 사진을 찍은 마틴 존슨은 딱 두 마리 사자를 죽였다. 그는 아프리카에 마지막으로 머문 20개월 동안 그가 전에 본 것보다 더 많은 사자들을 보았다고 나에게 말했다. 그러나 그는 단 한 번도 총을 쏜 적이 없었다. 실제로, 그는 총을 가지고 있지도 않았다.

몇몇 아프리카 탐험가들은 자신의 나라로 돌아가서 피가 얼어붙는 경험들에 대해 말하고 싶어한다. 그러나 마틴 존슨은 자신이나 아프리카의 야생동물들을 정말로 잘 아는 사람들이라면 아프리카 북부에 있는 이집트 카이로에서 아프리카 대륙의 남단인 남아프리카의 케이프타운까지 걸어가는 동안에 대나무 지팡이 하나 갖춘 것 만으로도 조금의 해도 입지 않을 것이라고 믿었다.

그는 또한 그가 마지막으로 아프리카에 갔을 때, 괜찮은 라디오를 들고 가서 미국의 방송을 듣고자 했다고 나에게 말했다. 그는 처음 한두 달 동안 라디오를 굉장히 많이 들었는데, 그리고 나서는 길고 뻔한 광고 방송을 듣는 것이 지겨워져서, 대번에 몇 달 동안 라디오를 켜지도 않았다고 말했다.

마틴 존슨은 14살 때 부터 전세계를 돌아다니기 시작했다. 그의 아버지는 캔자스 인디펜던스에서 보석상으로 일했는데, 마틴이 어린 아이였을 때, 마틴은 저 먼 나라에서 온 상자들을 풀곤 했다. 그는 상자의 라벨에 적힌 파리, 제네바, 바르셀로나, 부다페스트와 같은 이상하고 다채로운 이름에 매료되었고, 그 도시들의 흙을 그의 발로 밟기로 결심했다. 그래서 어느 날 그는 집을 도망쳐 나와 미국 전역을 부랑자 생활을 하다가 유럽으로 가는 가축용 배에 오르게 되었다. 구대륙에 닿고 나서부터 그는 찾을 수 있는 일이라면 무엇이든 했다. 그러나 언제나 일을 찾을 수 있는 것은 아니었다. 마틴 존슨은 브뤼셀에서는 먹을 것이 없었다. 브레스트에서 그는 낙담하여 향수병에 걸린 채 대서양 건너를 바라보고 서 있었다.

그리고 런던에서 그는 포장용 상자 안에서 잠을 자야 했다. 미국과 캔자스로 돌아가기 위해, 그는 뉴욕행 증기선의 구명정에 밀항자로 몸을 숨겼다.

그 때 그의 삶의 모든 항로를 바꾸고 그를 매혹적인 모험의 길로 떠나게 해준 일이 일어났다. 보트에 타고 있던 한 기술자가 마틴 존슨에게 잭 런던의 기사가 실린 잡지를 보여 준 것이다. 이 기사에서 잭 런던은 스나크호라는 30피트 정도의 작은 배를 타고 세계 일주 할 것이라고 했다.

캔자스의 고향에 돌아가자마자 마틴은 잭 런던에게 편지를 썼다. 그는 장장 8페이지에 걸쳐 영혼을 쏟아부었고, 그 편지에서 여행에 데려가 달라고 간청했다. "저는 이미 한 번 배를 타고 해외로 나가 본 적이 있습니다. 저는 시카고에서 5달러 50센트로 출발했는데 다시 돌아왔을 때 아직 25센트가 남아 있을 정도 였어요." 라고 편지에 써내려 갔다.

2주, 긴장감에 신경이 곤두서는 2주가 지났다. 그러자 잭 런던에게서 전보가 왔다. 거기에는 마틴 존슨의 삶을 바꾼 짧은 한 질문이 적혀 있을 뿐이었다. "요리 할 줄 아나?"라는 퉁명하고 간결한 질문이었다.

마틴 존슨이 요리를 할 수 있었냐고 묻는다면, 글쎄, 그는 밥조차 지을 줄 몰랐다. 하지만 그 역시 간결하게 딱 한 마디로 답장을 보냈다. "믿어만 보세요." 그러고는 바로 집을 나가서 레스토랑의 주방에 일을 구했던 것이다.

그리고 스나크호가 마침내 샌프란시스코 만의 잔물결 너머 태평양으로 빠져나갈 때 즈음, 마틴 존슨은 수석 요리사이자 병세척사로서 스나크호에 승선해 있었고, 새로 습득한 요리 지식으로 빵, 오믈렛, 그레이비, 수프, 그리고 심지어는 푸딩까지 만들 수 있었다. 그의 임무에는 여행에 필요한 식량을 구입하는 것도 포함되어 있었는데, 이 때 마틴은 보통의 승무원들이 200년 정도는 충분히 버틸 수 있을 만큼의 소금과 후추, 그리고 다른 향신료를 가지고 갔다고 계산했다.

그는 여행 중에 항해하는 법을 배웠다. 그리고 마틴은 자신이 아주 훌륭한 항해사라고 생각했다. 그래서 어느 날, 그는 자신이 얼마나 똑똑한지 보여주기 위해 지도 위에서 배가 어느 위치에 있는지 짚어 내려고 했다.

그 당시, 스나크호는 부풀어 오른 돛 때문에 호놀룰루 방향으로 휩쓸려 중앙 태평양에 있었다. 하지만 그의 계산에 따르면 그들이 탄 배는 대서양의 한가운데에 위치해 있다는 것이었다!

하지만 마틴은 그의 계산이 완전 비뚤려 있어도 조금의 신경도 쓰지 않았다. 왜냐하면 그는 모든 소년들이 꿈꾸는 명랑하고 모험에 넘치는 삶을 살고 있었기 때문이다. 무엇도 그의 열정을 꺾을 수 없었다. 한 번은 2주 동안 물이 바닥나 온 선원들이 지글지글 타는 태양 아래서 거의 죽을 뻔 한적도 있었다. 이 때 태양이 너무나도 뜨거워서 갑판가에 방수를 위해 발라놓은 타르가 녹은 당밀처럼 거품을 내며 끓어 오르기까지 했다!

수 년, 액션으로 가득한 수 년이 그 이후로부터 흘렀다. 그 사이 마틴 존슨은 일곱개 바다를 항해하고 오세아니아의 산호 섬에서부터 미지의 아프리카의 정글까지 전세계를 돌아다녔다. 그는 미국에서 처음으로 오세아니아 지역의 식인습관이 있는 부족의 사진을 전시하기도 하였다.

그는 난장이 부족과 거인 부족들, 코끼리들과 기린들의 사진을 찍었고, 아프리카 초원의 모든 야생 생물들의 사진도 찍었다. 그는 노아의 방주 가득 환상적인 생물들을 수천 개의 움직이는 화면에서 살아 숨쉬는 셀룰로이드 필름 뭉치로 잔뜩 가지고 돌아왔다. 그는 점점 멸종되고 있는 야생 동물의 사라지지 않을 사진 기록을 포착했다. 미래의 우리 세대의 증손자들 세대에는 더 이상 존재하지 않을 지도 모르는 아프리카의 많은 야생 동물들을 이제부터 볼 수 있게 한 것이다.

마틴 존스는 인간에게 고난을 당한 적이 없는 배부른 사자는 인간의 냄새에는 전혀 관심을 가지지 않을 것이라고 말했다. 그는 차를 15마리의 사자 무리 가운데로 몰았는데, 사자들은 그냥 가만히 누워 고양이처럼 눈만 깜빡였다고 한다. 사자 한 마리는 가까이 다가와서 자동차의 앞 바퀴 타이어를 씹기 시작하기도 했다고 한다. 또 한 번은 그가 암사자 근처 너무 가까이 차를 몬 적도 있었는데 암사자가 팔을 뻗어 앞발로 만질 수도 있는 거리였지만, 그 사자는 수염 하나 까딱하지 않았다고 한다.

나는 그래서 그에게 물었다. "선생님은 그럼 사자들이 성품이 좋다고 말씀하시는 건가요?"

그러자 그는 이렇게 대답했다. "아이고, 아니요! 제 생각에 죽음으로 이르는 가장 빠른 길은 사자를 믿는 것입니다. 글쎄, 사자가 갑자기 의구심이 들어서 달려들지는 아무도 절대 모르는 거 잖아요. 그리고 세상에 갑자기 달려드는 사자만큼 위험한 것은 없습니다. 그건 마치 백 파운드는 되는 다이너마이트가 제 쪽으로 날아오는 거나 다름없죠. 사자는 한 번에 40 피트는 거뜬히 뛰어 날아올 수 있습니다. 직선 코스를 달리는 경주마들보다 더 빠르게 같은 거리를 달려올 수 있죠."

나는 그에게 가장 아슬아슬하게 탈출한 상황이 무엇이었는지 물었다. 그러자 그는 이렇게 대답했다. "오, 아슬아슬한 상황은 많이 있었습니다. 하지만 그것들은 모두 재미있는 경험이었습니다."

그가 꼽은 가장 위험한 순간 중 하나는 오세아니아 제도에서였다고 한다. 그가 말하기를, 그 때 하마터면 국물이 될 뻔했었다고 한다. 그 때 그는 망자의 시체를 먹는 습관을 가진 오세아니아 제도의 한 부족을 최초로 사진에 담고 있을 때였다.

백인 노예 무역상들이 그 부족들의 섬을 습격하고 원주민들을 납치하여 노예로 팔아 넘길 때였다. 원주민들은 외지인에 대해서 비우호적이었고 의심을 품고 있었으며, 굶주리고 있었다. 그들은 이미 상당수의 백인 침략자들을 죽이고 그들의 물건을 전리품으로 가져갔었다. 마틴 존슨이 그들을 방문했을 때, 그 사람들은 이 백인 남자가 어떤 사람인지 판단을 내렸고, 이 캔자스에서 온 백인 젊은이가 굶주리고 자신의 혈육을 빼앗긴 이들에게 좋은 사냥감이 될 것이라는 생각이 든 것 같다.

마틴 존슨이 그 부족의 족장과 이야기를 나누며 가져온 선물들을 늘어놓느라 바쁜 사이에 수십명의 부족민들은 숲 밖에서 모여든 후 그를 점점 에워싸기 시작했다. 마틴 존슨을 도울 수 있는 사람들은 한참 떨어진 곳에 있었다. 그는 권총을 갖고는 있었지만 백 대 일의 형세로 수적으로 절대 불리한 상황이었다. 그의 이마에는 공포로 인한 식은땀이 솟아나기 시작했고, 그의 심장은 쿵쿵대며 두근거렸다. 하지만 그 상황에서 마틴 존슨에게는 침착한 모습으로 이야기를 계속하는 것 외에는 할 수 있는 일이 없었다. 그 일이 벌어지고 있는 동안에 눈에 불을 켠 부족민들이 입맛을 다시며 점점 다가오고 있었다. 이 순간 마틴 존슨은 캔자스주 인디펜던스를 떠난 이후처음으로 아버지와 함께 보석 사업에 뛰어들었어도 그다지 나쁘지 않았을 것이라고 생각했다고 한다.

원주민들이 막 달려 들려고 한 순간, 기적이 일어났다. 저 아래 바닷가에 있는 만 안으로 영국 순시선 한 척이 증기를 내뿜으며 들어온 것이다. 원주민들은 이를 물끄러미 바라보았다. 그들은 그것이 무엇을 의미하는지 알았던 것 같다. 마틴 존슨도 자신의 눈을 거의 믿을 수 없어, 그 배를 빤히 응시했다. 그리고 나서, 그는 부족장에게 낮게 절을 하며 말했다. "보시다시피, 제 배가 저를 찾으러 왔군요. 여러분을 만나서 반가웠습니다. 안녕히 계세요." 그리고 누군가가 그를 막을 새도 없이, 마틴 존슨은 해안의 배를 향해 돌진했다.

그는 역사상 그 어떤 남자보다 아름다운 여자들의 전화번호를 더 많이 알고 있었다

25년 동안, 지그펠드 극단은 브로드웨이에서 확고부동한 자리를 지키며 맹렬하게 싸웠다. 전 세계의 다른 어떤 풍자극도 지그펠드 극단의 공연만큼 호화롭게 무대가 만들어 지거나 그렇게 큰 즐거운 함성의 찬사를 받은 적이 없었다. 어떤 극단도 그 만큼 돈을 많이 번 적도, 잃은 적도 없다.

플로렌즈 지그펠드는 생존하는 어떤 남자들보다 아름다운 여자들의 전화번호를 더 많이 알고 있었다. 그의 "미인 전화부"에는 수천명의 매력적인 여성들의 이름, 주소, 그리고 전화번호가 나열되어 있었다. 그리고 매일 50에서 60명이 되는 희망에 찬 젊은 비너스들이 그의 비평어린 시선 앞에서 퍼레이드를 벌였다.

그는 '미국 여자의 찬양자'라는 별명으로 불리는 것을 매우 자랑스러워했다. 그것은 아주 마땅한 별명이었다. 그는 종종 아무도 쳐다보지 않을 칙칙한 젊은 여성들을 데려다 무대 위에서 신비와 마력이 넘치는 눈부신 존재로 바꿔 놓았다. 외모와 우아함을 갖춘 것만으로도 지그펠드의 무대로 가는 만능 열쇠를 얻은 것과 같았다. 화려한 매력은 지그펠드 본인이 제공했기 때문이다.

지크펠드는 동양의 권력자처럼 사치를 부렸다. 그는 돈으로 살 수 있는 가장 아름다운 원단을 찾기 위해 유럽, 인도, 아시아의 시장을 샅샅이 뒤지며 의상에 몇 백 달러 씩 돈을 퍼부었다. 심지어 드레스의 안감도 최고급 실크여야 했다. 왜냐하면 그는 피부에 아름다운 천이 닿지 않으면 어떤 여자도 진정한 아름다움을 느낄 수 없다고 주장했기 때문이다.

그가 염두에 두고 있던 어떤 카우보이 이야기에서 쓰일 적당한 모자를 구하기 위해서 그는 '쇼 보트'라는 뮤지컬의 제작을 장장 3달이나 미룬 적이 있다. 한번은 25만 달러를 들여 공연을 제작한 후, 지그펠드는 그 공연이 영광스러운 지그펠드의 전통에는 어울리지 않는다고 생각하여 공연 한 회차 이후에 그 공연을 완전히 접었다.

그는 모든 것에 호화로웠다. 지그펠드는 매일 수백 명의 사람들과 연락을 했지만, 한번도 누군가에게 자신의 메시지를 받아적게 한 적은 없었다. 전보에 전보가 이어 그의 뒤를 따라 강풍에 단풍처럼 흩날렸다. 그는 어디를 가든 전보 용지를 가지고 다녔다. 그는 그랜드 센트럴 역에서 기차를 타곤 했는데 그러면 125번가에 도착하기 전에 전신 용지 한 다발을 다 써 버리곤 했다.

믿기 어렵지만, 실제로 그는 리허설을 하는 동안 오케스트라석에 앉아 무대 조명 너머에 있는 배우들에게 전보를 보내기도 하고, 목소리가 들리는 곳에 있는 사람들에게도 전보를 보냈다. 한번은 창문 밖으로 몸을 내밀고 맞은편 창문에 있는 남자에게 "이봐, 내가 너에게 전보를 보냈는데 왜 대답을 안 해?"라고 소리친 적도 있다.

그가 십수명의 사람들에게 전화를 걸지 않고 전화 박스를 지나치는 것은 거의 불가능했다. 그리고 그는 직원들에게 전화하기 위해 거의 매일 아침 6시에 침대에서 일어났다.

그는 17에서 18달러를 절약하기 위해 몇 시간 동안 계약을 짜기도 했지만, 다음날 그는 눈 하나 깜짝하지 않고 월가에서 십만 달러를 써버리기도 했다. 그는 한번은 에드윈으로부터 5 천달러를 빌렸는데 그 돈을 에드윈을 대륙을 횡단하는 전용기차로 모셔오기 위해 썼다.

지그펠드는 순수하게 기사도와 배려로 여성들에게 아름다움을 느끼게 했다. 극의 첫 공연날, 코러스에 있는 모든 여자들은 그로부터 꽃 한 상자 씩을 받았다. 심지어 그에게 일자리를 신청한 노약자 여성들에게도 그가 다른 모든 사람들에게 보여준 것과 같은 배려로 대우를 했다.

그의 가장 유명한 스타들은 일주일에 평균 5천 달러를 받았다. 종종, 그 스타들은 지그펠드 자신이 가진 것보다 더 많은 돈을 은행에 모으기도 했다.

그가 연예 사업을 시작했을 때, 코러스걸들은 일주일에 30 달러를 받았지만, 그가 흥청망청 통치하는 동안에 그들의 시장가격은 일주일에 125달러를 달하기도 했다.

지그펠드의 연예계에서 첫 모험은 14살의 조숙한 나이에 이

루어졌다. 그는 집에서 도망친 후 '버팔로 빌의 와일드 웨스트 쇼'에서 곡마사이자 묘기 사수가 되었다.

스물다섯 살 때, 그는 샌도우라는 1890년대의 유명 괴력사의 매니저로서 재산을 모으고 있었다.

2년 후, 그는 자신의 앞으로 1실링도 없는 빈털터리 신세로 런던에 있었다. 그는 몬테카를로에서 자신의 운을 시험했는데, 그 결과로 한 벌 있던 셔츠마저도 잃게 되었다.

무일푼이 된다는 것이 이 위대한 사업가를 걱정하게 한 적은 없다. 순전히 그의 태도에서 나오는 마법으로, 그는 또 다른 쇼를 구성했고, 유럽에서 가장 센세이셔널했던 스타인 그 당시의 메이 웨스트, 즉 쾌활하고 명랑하며 심장을 두근거리게 만드는 안나 헬드와 함께 당당하게 미국으로 돌아갔다.

미국에서 가장 훌륭한 제작자들은 안나 헬드에게 뉴욕으로 오라고 수없이 전보를 보내고 간청도 했다. 그들은 호화로운 제의로 그녀를 유혹했다. 그러나 플로렌츠 지그펠드는 27세로 사실상 무명이었고, 주머니에는 한 푼도 없었는데도 안나 헬드의 탈의실로 그냥 걸어들어가 그녀를 매혹시켰고, 그녀의 이름으로 된 계약을 따내 유명세를 타기 시작했다.

안나 헬드는 즉각적인 센세이션을 일으켜 미국을 휩쓸었다. 그녀의 이름을 딴 코르셋, 화장품, 모자, 향수, 말, 칵테일, 강아지들, 시가들이 넘쳐났다. 사람들은 미대륙 전체를 걸쳐서 안나 헬드의 이름으로 건배사를 올렸다. 1년 만에 플로렌즈 지그펠드는 안나 헬드와 결혼했다.

수년 후, 그가 안나 헬드와 이혼한 후, 지그펠드는 빌리 버크와 황홀한 사랑에 빠졌다. 그녀를 만난 다음 날, 그는 꽃집을 통째로 사서 스위트피, 난초, 카네이션부터 창문에 전시되어 있던 오렌지 나무까지 그녀에게 모든 것을 보냈다. 그리고 빌리 버크가 그에게 전화로 감사의 말을 전하려고 했지만, 전화가 통화 중이어서 그 말을 하지 못했다고 말했을 때, 지그펠드는 빌리 버크와의 사적인 용도를 위해서 특별한 전화벨 소리가 나오는 황금 전화기를 설치했다.

지그펠드는 결정이 되지 않은 상태를 좋아했다. 그는 결단을 내리는 것을 매우 싫어했다. 그는 그의 책상 위에 리커리쉬 캔디가 든 상자를 두곤 했다. 한 친구가 정말 리커리쉬 캔디를 좋아하는지 물었을 때, 지그펠드는 이렇게 말했다. "내가 왜 그것들을 먹느냐면 다 검은색이라서 어떤 색을 가장 좋아하는지 결정할 필요가 없기 때문이야."

풍자극 극단을 위해서 지그펠드는 세계에서 가장 유명한 코메디안들을 고용했다. 하지만 그 자신은 결코 그들의 익살에 웃음을 짓는 일이 없었다. 에드윈, 에디 캔터, 윌 로저스 중 누구도 그를 미소조차 짓게 할 수 없었다. 그는 너무 냉정해서 그의 배우들은 그에게 "얼음물"이라는 별명을 지어주었다.

24년 동안, 떠들썩한 옛 뉴욕에서 지그펠드 극단의 첫 공연날은 하나의 이벤트나 다름없었다. 리무진들이 거리를 가득 메우고, 실크 모자와 모피가 로비를 가득 메웠고, 영리해 빠진 투기꾼들은 지친 사업가들에게 맨 앞줄 좌석 두 자리를 300달러에 팔았다. 무대 뒤는 난리와 소란으로 가득 차 있었다. 의상 담장자들과 메신저 보이들이 서로 부딪히기 일쑤였다. 무대 공포증을 가진 코미디언들이 무대 구석에서 중얼거렸다. 코러스 걸들은 의상을 찾느라 정신이 없었다. 이 난리통에서 단 한 사람만이 침착함과 냉정, 평온을 유지하고 있었다. 그 사람은 바로 지그펠드였다. 뉴욕의 세련된 초보 나들이꾼들은 운이 좋은 경우를 위해 연미복과 나비 넥타이를 매었다. 그러나 지그펠드 자신은 평범한 회색 비즈니스용 정장을 입고 나타났다. 그는 심지어 자리에 앉아서 공연을 보는 호사를 부리지도 않았다. 대신 그는 발코니로 통하는 계단에서 쇼를 지켜보았다.

1929년 월가의 경제가 붕괴되었을 때, 그 시대는 위대한 찬미자 지그펠드의 경력을 위한 빛이자 마지막 커튼이었다. 그 이후로, 세계에서 가장 화려한 미인대회를 위해 수백만 달러를 장식물과 반짝이에 돈을 퍼부었던 무대의 마술사 지그펠드는 집세를 낼 돈도 거의 마련하지 못했다. 그의 마지막 풍자극은 지그펠드가 키운 스타들과 직원들이 모금한 돈이 일부 사용되어 무대에 올랐다.

지그펠드는 1932년 캘리포니아에서 사망했다. 그 죽음의 환각 속으로 미끄러져 들어가면서 지그펠드는 자신이 공연을 감독하고 있다고 상상했다. 하지만 그의 무대는 하얀 병실이었고, 그의 오케스트라는 라디오에 불과했다. 그리고 무대 스태프로는 그는 겁에 질린 그의 하인 외에는 아무도 없었다. 그의 입술은 바싹 말랐고, 그의 눈은 열에 번득이고 있었지만, 그는 침대에 일어나 앉아 보이지 않는 공연진에게 지시를 내렸다.

"커튼을 올려! 빠른 음악으로! 조명! 마지막 피날레를 준비해!"라고 소리친 후 그는 마지막으로 중얼거렸다. "훌륭해! 좋은 쇼로구만⋯ 아주⋯ 좋은⋯쇼야."

기차를 잘못 탄 선교사, 유명한 마술사가 되다

어느 추운 겨울, 시카고 맥비커 극장에서 인파가 쏟아져 나왔다. 당시의 위대한 마술사인 알렉산더 허먼의 공연을 보고 나온 군중들은 웃고 즐기고 있었다.

인도에서 서서 떨고 있는 신문팔이 소년은 사람들에게 시카고 트리뷴 신문을 팔려고 했다. 그러나 그 소년은 너무나 힘든 시간을 보내고 있었다. 그에겐 코트도, 집도, 하룻밤 묵을 곳을 위한 돈도 없었다. 그날 밤, 군중들이 흩어진 후 그는 신문으로 몸을 감싸 극장 뒷편 골목에 있는 지하실 보일러실의 살짝 덥혀진 철망 위에서 잠을 청했다.

굶주리고 떨면서 그는 마술사가 되기로 다짐했다. 사람들에게 박수받고, 모피 외투를 입고, 극장 뒷문에서 여성들이 기다리는 것을 원했다. 그래서 그는 자신이 유명한 마술사가 된다면 같은 극장에 주인공으로 서겠다는 굳은 맹세를 했다.

그 소년은 하워드 서스턴으로 20년 뒤 정확히 그 결심을 이뤄냈다. 공연을 마치고 난 뒤, 그는 그 골목으로 가 20년 전 배고프고 집이 없던 신문팔이 소년이 새겨놓은 이니셜을 찾아냈다.

1936년 4월 13일, 그의 죽음 당시, 하워드 서스턴은 마술계의 명사, 손재주의 왕으로 알려져 있었다. 죽기 전 40년 동안 그는 전세계를 여행하며 몇번이고 환상을 만들어 내어 관객들을 혼란스럽게 하며 그들이 놀라서 숨을 멈추게 만들었다. 6천만명이 넘는 사람들이 그의 공연을 보러왔고 서스턴은 200만 달러가 넘는 수익을 얻었다.

그가 죽기 얼마 전에 나는 극장의 무대 옆에서 그의 공연을 본 적이 있다. 그 후 나중에 우리는 같이 그의 분장실로 향했고 그는 자신의 신나는 모험 이야기를 몇 시간 동안이나 했다. 이 마술사 삶의 솔직하고 있는 그대로의 사실은 그가 무대에서 만들어내는 환상만큼이나 놀라웠다.

그가 아직 어린 아이였을때 말떼를 너무 빨리 몰았다는 이유로 그의 아버지는 어린 서스턴을 고통스럽게 채찍질했다. 분노로 눈이 멀어 서스턴은 집을 뛰쳐 나와 문을 세게 닫고는 소리를 지르며 거리를 내달린 후 종적을 감췄다. 그의 부모는 그의 소식을 5년간 듣지 못했고 그가 죽었을까 두려워했다.

서스톤은 그 시절 자신이 죽지 않았다는 사실에 스스로도 놀랍다고 했다. 왜냐하면 그는 떠돌이가 되어서 기차 화물칸에 타 구걸도 하고, 물건을 훔치며, 마굿간이나 건초더미, 혹은 버려진 건물에서 잠을 자기도 했기 때문이다. 그는 수십번 체포되고, 쫓기고, 욕먹고, 걷어 차이기도 하고, 기차에서 내쫓기도 하며 총질까지 당했다.

그는 기수도 도박꾼도 됐다가 17살 때 돈 한푼, 친구 한명 없이 뉴욕에 홀로 좌초 되었음을 알게 되었다. 그런데 그 때 엄청난 일이 발생했다. 우연히 종교 집회에 까지 떠돌다 한 전도사의 "네 안에 계신 하느님"이라는 구절에 관한 설교를 듣게 된 것이다.

서스톤은 평생 한 번도 마음이 움직인 적이 없었던 것처럼 깊은 감동과 동요 속에서 자신의 죄를 확신했다. 그는 설교단으로 걸어가 뺨을 타고 흐르는 눈물 속에서 개종했다. 2주 후, 그 직전까지 떠돌이 각설이였던 서스톤은 차이나타운의 길 모퉁이에서 설교를 하게 되었다.

그는 그 어느 때보다 행복했다. 그래서 그는 전도사가 되기로 결심하여 매사추세츠 노스필드에 있는 무디 성경 학교에 등록했고, 숙식비와 방값을 내기 위해 청소부로 일하기 시작했다.

그 당시 서스톤은 18살이었는데, 그 때까지 서스톤이 학교에 다닌 일수는 6개월이 넘지 않는다. 그는 철도 표지판을 보고 다른 부랑자들에게 그것들이 무엇을 의미하는지 물어 보는 식으로 읽는 법을 배웠다. 그는 글을 쓸 줄도 계산할 줄도 철자를 쓸 줄도 몰랐다. 그래서 그는 성경학교에서 수업을 받는 동안 낮에는 그리스어와 생물학을 배우고, 밤에는 읽고 쓰는 법과 산수를 배웠다.

서스톤은 마침내 의료 선교사가 되기로 결심하고 펜실베이니아 대학으로 향했는데, 그 길에서 그의 인생의 모든 과정을 바꾼 작은 일이 일어났다.

메사추세츠에서 필라델피아로 가는 길에, 서스톤은 알바니에서 기차를 갈아 타야 했다. 기차를 기다리는 동안, 극장을 들렀는데 거기서 알렉산더 허만이 관객들 눈이 빠지도록 신기한 마술 공연을 보았다. 서스톤은 항상 마술에 관심이 있었다. 그는 항상 카드 묘기를 시도 했었던 것이다. 그는 그의 우상이자 영웅인 위대한 마술사 헤르만과 이야기 하기를 갈망했다. 그는 호텔로 가서 헤르만의 옆에 있는 방을 얻었다. 그는 열쇠 구멍에서 귀를 기울이고 복도를 왔다갔다하며 노크할 용기를 내려고 했지만 그럴 수 없었다.

다음 날 아침, 서스톤은 그 유명한 마술사를 따라 기차역으로 가 조용히 그를 경외하고 있었다. 헤르만은 시라큐스로 가는 기차를 탈 예정이었다. 그리고 서스톤은 뉴욕으로 가야했다. 아니, 적어도 서스톤 자신은 뉴욕으로 가야 한다고 생각했었다. 그는 뉴욕으로 가는 기차표를 사려고 했으나 어째서인지 실수로 시라큐스로 가는 기차표를 따라 사게 되었다.

그 실수가 그의 운명을 바꿔 놓았다. 바로 그 실수가 그를 의료 선교사가 아닌 마술사가 되게 만든 것이다.

한창 유명세를 탈 때 서스톤은 하루 공연으로 약 천 달러를 벌었다. 하지만 그는 종종 그의 인생에서 가장 행복했을 때는 약장수를 위한 공연에서 카드묘기로 하루에 1달러씩 벌 때였다고 말했다. 길쭉한 현수막을 시뻘건 글씨로 된 그의 이름이 가로질렀고, 그는 "북쪽의 마술사 서스턴"이라는 문구로 광고되었다. 그는 오하이오주 콜럼버스 출신이었지만 텍사스 사람들에게 그만하면 북쪽에서 온 것이나 다름없었기 때문이다.

서스톤은 자기만큼 마술을 잘 아는 사람은 흔하다고 말했다. 그렇다면 그의 성공의 비결은 무엇이었을까?

그 성공의 비결에는 적어도 두 요인이 있다. 첫째는 그가 무대에서 자신의 특징을 잘 살리는 능력이 있었다는 점이다. 그는 완전히 무대체질이었고 사람들의 본성을 잘 알았다. 서스톤은 그러한 부분이 마술에 대한 지식만큼 중요하다고 말했다. 그가 한 모든 것들, 심지어 말할 때 억양이나 눈썹을 치켜올리는 것 마저도 모두 사전에 연습된 것이고 모든 행동들은 초단위로 계산되어 나오는 것이라고 한다.

두번째로, 서스톤은 관객을 무척 사랑했다. 무대의 커튼이 올라가기 전, 서스톤은 무대 가장자리에 서서 정신을 차리려고 위아래로 뛰며 이렇게 말했다. "나는 내 관객을 사랑해. 그들을 즐겁게 해주고 싶어. 이 직업이 너무 좋아. 나는 너무 행복해. 아, 행복하다!"

그는 그 자신이 행복하지 않으면 누구도 행복하지 않았을 것이라는 것을 잘 알았던 것이다.

2센트짜리 신문으로 스페인의 성과 뻐꾸기 시계, 이집트의 미라까지 살 수 있게 된 남자

당신에게 백만달러가 있다면 어떻게 할 지 생각해 본 적이 있는가? 윌리엄 랜돌프 허스트는 매 달 백만 달러, 즉, 하루에 3만 달러 씩을 벌어 들였다. 당신이 이 짧은 이야기를 읽는 짧은 순간에도 그는 약 백 달러의 수입이 생기고 있을 것이다.

아무도 윌리엄 랜돌프 허스트를 윌리엄이라고 부르지 않았다. 그의 절친한 친구들조차 그를 "W.R" 이라고 불렀고 그의 7만명에 달하는 직원들 역시 그를 이름 대신 보스("The Chief")라고 불렀다.

수백만명의 사람들이 그의 신문과 잡지를 읽었다. 그는 세상에서 가장 부유하고 영향력있는 출판인이었다. 미국 전역에서 그의 이름을 모르는 사람이 없을 정도였지만, 그와 동시에 허스트는 수수께끼의 인물이었다. 보통의 사람들이라면 윌리엄 랜돌프 허스트의 사생활보다 마하트마 간디의 사생활에 대해 더 잘 알 정도였기 때문이다.

내가 아는 한 미국에서 가장 저돌적인 이 출판인을 가장 놀라운점이라면 그가 과묵하고 부끄럼이 많았다는 점이다. 반세기동안 유명인사들과 어울렸지만 사실 그는 처음 만나는 사람에게 소개 받는 것을 좋아하지 않았다.

캘리포니아에 위치한 그의 거대한 저택에는 늘상 10~60명의 손님들이 방문했지만, 정작 그는 아무도 몰래 떠나 혼자 휴양하며 솔리테어 카드게임 하는 것을 가장 즐겼다. 그가 뉴욕에 있을때도 그가 가장 즐겼던 휴식 방법은 가게 구경하는 것 정도였다.

서구 세계에서 가장 웅장한 사유지는 캘리포니아에 있는 허스트의 목장이다. 그것은 25만 에이커의 땅을 포함하고 있고 바다의 바위로 둘러싸인 해안을 따라 50마일까지 뻗어있다.

태평양의 거센 파도에서부터 2천 피트 높이 솟은 자리에 그는 무어 양식의 웅장한 성을 지었다. 그리고 그는 이를 "마법의 언덕"이라고 불렀다. 그는 이 성들을 꾸미는 데 수백만 달러를 소비했다. 이 성의 안쪽 벽은 한때 프랑스의 성채를 아름답게 감싸던 고벨린 태피스트리로 장식되어 있고, 조용한 홀은 렘브란트, 루벤스, 라파엘의 붓으로 그려진 부드러운 색채의 영원한 그림들로 빛나게 하였다. 그의 손님들은 가격을 매길 수 없을 정도로 귀한 예술작품들로 둘러싸인 연회장에서 저녁 식사를 했지만, 점심때면 그 손님들은 겨우 종이 냅킨만 받았다.

그는 바넘의 서커스를 본 공연을 위한 부차적 쇼처럼 보이게 만들 정도로 야생 동물들을 수집했다. 얼룩말, 버팔로, 기린, 캥거루 떼가 언덕 위를 배회했고, 수천 마리의 이국적인 새들이 나무 사이를 넘나들며, 사자와 호랑이들이 그의 개인 '동물원'에서 포효하고 으르렁거렸다.

내 친구 프랭크 메이슨은 프랑스에서 허스트를 위해 골동품을 사들이곤 했다. 허스트는 모든 예술품들, 심지어 성 전체를 구입하기도 했는데, 그 때 허스트는 포장 상자에 그 성을 구성하는 모든 바위, 벽돌, 그리고 목재 조각들을 담은 후 그것들로 여기에서 원본 그대로 건물을 세울 수 있도록 각 부위가 어디에 속하는지 표시하는 번호를 매겨 라벨을 붙인 후 이를 미국으로 들여왔다.

그는 너무나 많은 예술품들을 구입해서 마침내 그 중 사용하지 않는 작품들을 보관하기 위해 뉴욕에 있는 거대한 창고를 사야만 했다. 창고에서 일하는 직원은 모두 20명이 있었는데, 이 창고를 유지하는 데 일년에 6만 달러가 들었다. 여기에는 뻐꾸기 시계에서부터 이집트 미라에 이르기까지 모든 것이 있었다.

윌리엄 랜돌프 허스트의 아버지는 미주리주의 농부였다. 그는 1849년 골드러시 동안 서쪽으로 향해 소떼와 포장 마차와 함께 평원을 가로질러 2천 마일을 걸었다. 그 와중에 그는 미국의 원주민들과 싸우기도 하였는데, 결국은 금을 발견하여 수백만 달러를 벌었다. 허스트의 부친은 나이가 들면서, 그의 사유지에 있는 큰 나무 그늘 아래 앉아 있는 것을 좋아했다. 지금으로부터 몇 년 전, 그의 아들 윌리엄 랜돌프 허스트는 이 나무가 창문 중 하나의 바다 전망을 막고 있다는 사실을 알아챘다. 그는 아버지가 사랑했던 나무를 없애야 한다는 생각을 견딜 수 없어서, 대신 그 나무를 다른 곳으로 30피트 이동시키는 데 4만 달러를 들였다.

그는 동물을 매우 좋아했다. 예를 들자면 어느 날, 영화 경영자들 한무리가 할리우드에서 허스트와 회의를 하기 위해 허스트의 저택까지 날아왔지만, 허스트는 꼬리의 일부가 잘려나간 도마뱀을 위로해야 했기 때문에 그들을 기다리게 한 적도 있다. 또 다른 경우에는 기니피그의 다리가 부러져서 허스트는 자정에 그의 개인요트를 보내 의사를 불렀고, 이를 위해서 500달러의 치료비를 내야했다.

그는 솜씨좋은 아마추어 사진작가인데, 매년 수천 장의 사진을 찍는다. 그는 또한 소총을 매우 잘 쏜다. 어느 날 허스트는 요트에서 노닥이다가, 권총을 엉덩이 옆에 대고 날아가던 갈매기의 날개를 쏘아 떨어뜨려서 손님들을 놀라게 한 적도 있다.

그는 나막신을 신고 추는 전통춤의 전문가나 다름 없고, 흉내를 매우 잘 내며, 이야기를 참 재미있게 잘 한다. 그의 기억은 거의 백과사전과 다를 바 없다. 예를 들어 만약 그에게 헨리 8세의 부인들의 이름을 대라고 하거나, 미국의 대통령들을 불러보라고 하면, 그는 십중팔구 이를 거침없이 할 수 있을 것이다.

  어느 날, 지미 워커와 찰리 채플린이 허스트의 집을 방문하고 있었는데, 그들은 성경의 특정 인용구의 정확한 어구에 대해서 논쟁을 벌이게 되었다. 허스트는 그 인용문을 한 자 한 자 정확히 반복함으로써 논쟁을 해결했다.

  그는 주변을 젊은 사람들로 채우고 싶어했다. 그리고 그 누구에게도 그가 있는 자리에서는 죽음에 대해서 이야기하지 못하도록 했다.

  허스트는 그의 아버지로부터 3천만 달러를 상속받았다. 그는 평생 게으르게 살 수도 있었지만, 약 60년 동안 그는 하루에 8시간에서 15시간 동안 일했다. 그리고 그는 신이 자신을 은퇴시킬 때까지는 결코 은퇴하지 않을 것이라고 맹세했다.

26살에 그는 이미 스타였다. 53세에 그는 퇴물이 되었다. 하지만 57세에 미국에서 가장 위대한 배우 중 하나가 되었다

1918년 리오넬 배리모어가 코퍼헤드라는 극에서 밀트 섕크라는 배역으로 브로드웨이에 선 그 날 밤 나는 그 자리에 있었다. 그것은 극적인 역사를 만든 빛나는 사건이자, 승리였다. 흥분한 청중은 벌떡 일어나 15번의 앵콜을 외치며 열광적이고 미친 듯이 환호했다.

15년 후, 나는 브로드웨이에 있는 메트로 골드윈 메이어의 본사의 그린 룸에서 리오넬 배리모어와 긴 이야기를 나눴다. 그가 배우로서 인정받기 위한 그의 갈등에 대해 이야기하기 시작했을 때, 나는 놀랐다. "뭐라고요? 선생님께서 말씀이십니까? 선생님의 가족은 모든 위신과 화려함이 받쳐주고 있는 배리모어가 아닙니까? 그런 당신이 고군분투할 필요가 있었다구요?" 라고 나는 대답을 요구했다.

그는 잠시 나를 쳐다보더니 낮게 울리는 목소리로 대답했다: "글쎄, 당신이 말하는 그런 놈은 어디에도 없습니다. 그리고 유명한 이름은 종종 핸디캡이 되기도 하지요."

배리모어 아이들은 이상하고 다소 제멋대로인 어린 시절을 보냈다. 그들의 아버지 모리스 배리모어는 무대 밖에서의 무모한 행위들로 역사를 만든 가장 매력적이고 매혹적인 남자들 중 한 명이었다.

모리스 배리모어는 동물을 사기 위해 그의 마지막 한푼까지 쓸 인물이었다. 그는 곰에서 부터 원숭이, 야생 고양이, 그리고 다양한 종류의 개들을 집으로 들여오곤 했다. 존과 리오넬은 스태튼 아일랜드의 한 농가에서 여름을 한 번 보낸 적이 있었는데, 그 때 그 곁에는 나이든 흑인 하인 한 명과 모든 모양, 크기, 품종의 개 35마리 외에는 아무도 없었다.

라이오넬, 잭, 에델 배리모어가 라스푸틴과 황후에 출연했을 때, 할리우드는 그들이 모두 함께 출연한 것은 이번이 처음이라고 자랑스럽게 발표했다. 하지만 할리우드는 틀렸다.

세 명의 배리모어는 40년 전에 함께 데뷔했다. 극장은 스태튼아일랜드의 한 배우의 하숙집 뒤쪽에 있는 황폐한 헛간이었고, 관객들은 이웃에서 온 아이들이었다. 입장료는 1페니였는데, 총 흥행 수입은 37센트였다. 그들이 연기한 연극은 카밀이었다. 에델은 이들의 사업 매니저였는데, 리오넬과 잭에게 각각 10센트를 주면서 탐욕스럽게도 나머지 17센트는 자신이 챙겼다.

리오넬이나 존 중 누구도 무대 위의 스타가 되고 싶어하지 않았다. 대신 그들은 미술가가 되고 싶었고, 리오넬은 파리에서 미술을 배운 적도 있었다.

나는 그에게 그가 돈이 없고 배가 고픈 적이 있는지 물었다. 그러자 그는 이렇게 대답했다. "네, 종종 그랬지요. 왜냐하면 잡지에 제 스케치를 팔 수 없었기 때문입니다. 물론 집에 전보를 치면 언제든지 돈을 받을 수 있었지만, 가끔은 전보를 칠 돈조차 충분하지 않았습니다. 잭과 저는 그리니치 빌리지에도 스튜디오가 있었지만 가구를 살 돈이 전혀 없었습니다." 그는 이야기를 이어나갔다. "사실 그래서 침대도 없었습니다. 그래서 우리는 그냥 바닥에서 잤습니다. 너무 추워지면 책으로 덮어가면서 말이에요. 우리와 같이 지내는 작가 친구가 하나 있었는데, 그 친구에게는 자유자재로 빼낼 수 있는 금이빨이 있었습니다. 돈이 완전히 떨어졌을 때, 우리는 그의 금니를 전당포에 맡겼지요. 맨하탄 동부에 있는 모든 전당포를 돌아다녔지만 70 센트 이상은 절대 주지 않았던 걸로 기억해요."

26세의 리오넬 배리모어는 브로드웨이에서 그의 이름이 빛을 발하며 스타가 되었다. 그러나 53세에 그의 명성은 추억에 불과하게 되었다. 그의 잘생긴 남동생 존은 세계에서 가장 돈을 많이 버는 스타들 중 한 명이었고, 그의 여동생 에텔은 그녀의 이름을 딴 뉴욕 극장이 있을 정도 였지만, 리오넬은 감독으로 할리우드에서 조용한 생활을 하고 있었다.

그의 친구들과 가족들은 충격을 받았다. 그들은 미국에서 가장 재능 있는 희곡 배우가 낭비되는 형편이라고 신랄하게 불평했다. 하지만 리오넬은 불평하지 않았다.

그는 30년 동안 무대 조명 아래서 배운 기술과 지식을 영화 감독에 쏟아 넣었다. 그는 꿈을 꾸고, 공부하고, 실험을 했다.

그는 사운드 카메라가 영화 촬영장 안에서 움직일 수 있다는 것을 발견한 최초의 감독이었다. 이 발견은 영화계에 혁명을 일으켰다. 그는 마담 X의 루스 채터턴, 로그 송의 로렌스 티벳, 텐센트 어 댄스의 바바라 스탠윅과 같은 배우들을 그의 잊을 수 없는 영화로 매혹시켰다. 그는 53세였고, 그는 솔직히 자신의 연기는 이미 시대가 지났다고 믿었다.

그가 남은 경력 동안 감독직을 포기한 순간, 그에게 기회가 찾아왔다. 노마 시어러는 '자유로운 영혼' 이라는 영화를 만들고 있었다. 여기에서 아버지 역할을 위해 훌륭한 배우가 필요했던 것이다. 라이오넬 배리모어가 카메라 앞에 나서자 영광이 그를 뒤덮었다. 그는 이로써 영화 예술 과학 아카데미에서 상을 받게 되었다. 그리고 나서 그를 "과거의 퇴물"로 여겼던 바로 그 제작자들이 그를 고용하기 위해서 경쟁을 벌였다. 그러자 히트작에 히트작이 그 뒤를 잇게 되었다. 옐로 티켓, 마타하리, 그랜드 호텔, 라스푸틴과 황후, 아, 황야! 까지.

나는 리오넬에게 할리우드에 복귀하기 전까지 낙담한 적이 있냐고 물었다. 그는 이에 이렇게 답했다. "아니요. 저에게는 늘 상승과 하강이 있어왔습니다. 많은 사람들이 저는 이미 한물 갔다고 말했지요. 하지만 저는 그것을 그렇게 신경쓰지 않

았습니다. 그런 사소한 문제로 고민을 하기에는 항상 너무나
도 바빴거든요."

"신경 쓸 가치조차 없는"
연극이 햄릿 이후 가장 위대한 희곡이 되다

당신이 생각하기에 세상에 쓰여진 것 중 가장 위대한 연극은 무엇인가? 뉴욕의 주요 희곡 비평가들이 비밀 투표로 역대 최고의 연극 10편에 투표했을 때, 첫 번째 영예는 300년 이상 전에 쓰여진 햄릿에게 돌아갔다. 그리고 그들은 역사상 두 번째로 위대한 희곡이 셰익스피어가 쓴 맥베스나 리어왕이나 베니스의 상인이 아니라 서머셋 모햄의 '레인'이라고 결정했다. '레인'은 서머셋 모햄이 쓴 단편 소설을 바탕으로 만든 오세아니아에서 벌어지는 치열한 싸움과 섹스, 그리고 종교의 파란만장한 연극이다.

모햄은 그 연극으로 20만달러를 벌었다. 하지만 그는 그 연극을 쓰는 데 5분도 투자하지 않았다.

사실은 다음과 같다. 그는 새디 톰슨이라는 단편 소설을 썼다. 그는 이 소설을 대수롭지 않게 여겼다. 그런데 어느 날 밤, 존 콜튼이 그의 집에 머물고 있었을 때 콜튼은 잠들 때까지 읽을 수 있을 무언가를 원했다. 모햄은 그에게 새디 톰슨의 교정쇄를 건네주었다.

콜튼은 그 이야기에 완전히 매료당했다. 그리고 그를 흥분시켰다. 그는 침대 밖으로 뛰쳐 나가서 한참을 서성거렸다. 그는 그날 밤 상상 속에서 연극을 한 편 보았다. 그 연극은 불멸이 될 운명을 타고 난 한 편의 드라마였다.

다음 날 아침 콜튼은 모햄에게 달려가 말했다. "이 이야기에 굉장한 연극이 숨어있네. 이것에 대해서만 어젯 밤 내내 생각했어. 이 이야기를 읽으면 잠이 솔솔 올 거라고? 단 한 숨도 못 잤네!"

그러나 모햄은 그다지 관심이 없었다. "연극이라고?" 그는 깔끔한 영국식 발음으로 답했다. "아, 그래, 그럴 수 있지. 아주 병적인 종류의 연극이 될 거야. 한 6주는 무대에 올릴 수 있으려나. 그렇지만 그다지 신경 쓸만한 가치는 없는 이야기야. 정말로." 그리고 그가 신경 쓸 가치도 없다고 말했던 그 연극은 그 후에 그에게 20만 달러의 수익을 올려주게 되었다.

연극 각본이 완성된 후, 다수의 제작자들이 이를 연극으로 제작하기를 거부했다. 그들은 이 연극이 실패할 거라고 확신했기 때문이다. 그런데 샘 해리스는 제작을 하기로 했다. 그는 이 연극에 쟝 이글스라는 젊은 여자 배우를 올리고 싶어했다. 하지만 연극의 캐스팅 에이전트가 그 배우에 반대했다. 에이전트는 그보다 더 잘 알려진 배우를 쓰고 싶어했다.

마침내 쟝 이글스가 배역을 얻게 되었고 그녀는 새디 톰슨의 역할을 열정적이고 박력있게 소화해 브로드웨이의 센세이션이 되었다. 그녀는 객석이 가득 찬 극장에서 415회의 열광적인 공연을 해냈다.

서머셋 모햄은 〈인간의 속박〉, 〈달과 육 펜스〉, 그리고 〈면도날〉 같은 뛰어난 책들을 썼고 여러 편의 성공적인 극본을 쓰기도 했다. 하지만 그의 이름으로 된 가장 유명한 연극은 정작 그가 쓴 것이 아니다.

몇몇 사람들은 그를 이제 천재라고 부르기도 한다. 하지만 그가 글을 쓰기 시작했을 때부터 11년간은 경제적으로 실패한 상태였다. 생각해보면 기가 막힌 일이다! 작가로서 백만 달러를 벌 운명이었던 이 남자는 이야기와 소설을 만들어낸 첫 11년 동안 일년에 겨우 500달러를 벌었다. 그리고 때때로 그는 먹을 것이 없어 굶주렸다.

그는 월급을 받으면서 사설을 쓰는 직업을 얻으려고 노력했지만 아무 일도 구할 수 없었다. "저는 정말로 다른 직업은 지긋이 할 수 없었기 때문에 계속해서 글을 써야 했습니다." 라고 모햄이 말했다.

그의 친구들은 모햄에게 계속 작가의 길을 걸으려는 것은 바보짓이라고 했다. 그는 이미 의과대학을 졸업했기 때문에, 친구들은 그에게 소설은 잊고 의료계로 나아가라고 설득했다. 그러나 그 무엇도 모햄의 영어 문학에서 자신의 이름을 크게 만들겠다는 그의 결심을 꺾을 수는 없었다.

서머셋 모햄이 작가로서 첫 기회를 얻은 계기는 이렇게 된 일이다. 누군가가 쓴 연극이 런던의 극장에서 실패해서 한 극장의 매니저는 실패작을 대체할 무언가를 찾고 있었다. 그는 특별히 흥행에 대성공할 만한 작품을 찾고 있지는 않았다. 제대로 된 연극의 리허설이 들어갈 수 있을 때까지만 대충 채워줄 수 있는 것이면 됐던 것이다. 그래서 그는 책상에서 이것 저것 뒤적거리다가 서머셋 모햄의 희곡을 꺼내 들었다. 그 연극은 바로 〈프레데릭 부인〉이었다. 그 각본은 1년 동안 그의 책상에서 먼지만 모으고 있었고, 그 극장 매니저는 이미 그것을 읽었었다. 그가 알기로 그 연극은 대단할 것이 없지만, 몇 주 동안은 손님을 모을 것이었다. 그리하여 〈프레데릭 부인〉은 무대 위로 올라가게 되었고 그 순간, 기적이 일어났다. 〈프레데릭 부인〉이 대히트를 쳐버린 것이다. 런던 전체가 떠들썩해졌다. 오스카 와일드의 반짝이는 대화 이후로는 아무런 즐거울 일이 없었던 것처럼 잉글랜드가 들썩거렸다.

즉시 런던의 모든 극장 매니저는 서머셋 모햄의 연극을 달라고 간청했다. 모햄은 책상에서 오래된 원고들을 찾아냈다. 그리고 몇 주 안에 그의 연극 중 세 편을 올린 극장들이 만원이 되었다. 인세가 황금 홍수처럼 밀려들었다. 출판업자들은 이 새로운 천재의 작품을 놓고 서로 흥정을 벌였다. 사교계는 그에게 초대장을 퍼부었다. 11년 동안의 망각된 끝에 서머셋 모햄은 메이페어 저택의 응접실에서 축배를 받게 되었다.

모햄은 절대로 오후 1시 이후로는 글을 쓰지 않는다고 말했다. 그에 의하면 자신의 뇌는 오후에는 멈춰버린다고 한다. 그는 언제나 글을 쓰기 전에 파이프 담배를 피우며 철학서를 읽는다고 한다.

그는 나에게 미신을 믿지 않는다고 말했다. 그럼에도 불구하고 모햄의 책의 제본에는 악의 눈 표식이 찍혀 있다. 가족 명패에도 그와 같은 희한한 디자인이 그려져 있고, 그의 문구류와 게임용 카드에도 이 표식이 그려져 있었다. 벽난로 위의 장식장에도 악의 눈이 새겨져 있었고, 심지어 별장 입구에도 있었다. 그러나 내가 그에게 정말 악의 눈을 믿느냐고 물었을 때, 그는 그저 미소를 지을 뿐이었다.

작은 마을에서의 모욕이
그를 당대 최고의 형사 변호사로 만들었다

거의 75년 전, 한 학교 선생님은 어린 소년이 가만히 있질 못하고 안절부절 자리에서 꼼지락거렸다는 이유로 그의 따귀를 때렸다. 그는 다른 학생들 앞에서 체벌받고, 모욕당하여 집에 가는 내내 울었다. 그 당시 그는 겨우 다섯 살이었지만, 그는 자신이 잔인하고 부당한 대우를 받았다고 느꼈다. 그로써 그는 평생 잔인함과 부당함을 증오는 배워 이에 대하여 계속해서 싸우게 된다.

그 소년의 이름은 클래런스 대로우로, 아마도 미국에서 제일 잘 알려진 변호사이자, 분명히 가장 위대한 형사 변호사일 것이다. 그의 이름은 미전역의 모든 신문 상에 수시로 이름이 대서특필 되어왔다. 그는 약자에게 있어서 십자군이자, 반란군이자, 투사이며, 챔피언이었다.

그가 처음으로 해결한 사건은 지금도 오하이오의 애슈타불라의 옛날 사람들에게 회자되고 있다. 문제가 된 사건은 고작 5달러 짜리 중고 마구의 소유권에 대한 것이었다. 하지만 크래런스 대로우에게 그 사건은 원칙이 달려있는 문제였다. 그는 마치 뱅갈 호랑이와 싸우는 것처럼 그 사건에서 싸웠다. 그는 그 사건에서 겨우 5달러를 받았다. 하지만 그는 자비로 그 사건에 뛰어들었고, 일곱 개의 법원과 7년의 시간을 거쳐서 결국 승소했다.

대로우는 한번도 자신은 돈이나 명예를 꿈꾼 적이 없다고 말했다. 그는 자신은 언제나 게으른 놈이라고 말했다. 그는 시골 학교에서 가르치는 것으로 세상살이를 시작했다. 그 때 어느 날 자신의 경력을 완전히 바꾼 어떤 사건이 일어났다고 한다. 그 시골 마을에는 말발굽을 두들기고 있을 때가 아니면 법률을 공부하는 한 대장장이가 있었다. 클래런스 대로우는 이 대장장이가 양철공의 가게에서 법률 사건에 대해서 논쟁하는 것을 듣게 되었다. 그는 이 웅변가들이 보여주는 재치와 달변에 매료되었다. 클래런스는 역시 말로하는 다툼을 좋아하는 편이었다. 그리하여 그는 대장장이의 법서를 빌려 법률 공부를 시작했다. 월요일 아침, 대로우는 학교에 법서를 들고 가서 학생들이 지리나 산수를 공부하는 동안 법률 교과서의 페이지를 넘기며 이를 훑어 보았다.

클래런스 대로우는 후일 만약 자신에게 어떤 특별한 일이 일어나지 않았다면 평생 시골 변호사로 남아 있었을지도 모른다고 인정했다.

그와 그의 부인은 한 치과의사로부터 오하이오의 애슈타불라에 작은 집을 하나 하기로 결정했다. 가격은 3500 달러였다. 클래런스는 그가 가진 전부였던 500달러를 은행에서부터 인출하여 미리 지불하고 나머지 잔금은 연부연납하기로 합의했다. 그런데 계약이 거의 완료되기 바로 직전, 치과의사의 부인이 딱 잘라 계약서에 서명하기를 거절하는 일이 발생했다.

그녀는 경멸하듯이 대로우에게 말했다. "여기 보세요, 젊은이. 제 생각에 당신이 평생을 걸려도 3500 달러를 벌 수 있는 일은 없을 거라고 믿어요."

대로우는 노발대발했다. 그는 그런 경우없는 동네에서는 살지 않겠다고 했다. 그래서 그는 애슈타불라와 연을 끊고 시카고로 향했다.

시카고에서 지내는 첫 1년 동안 그가 번 돈은 겨우 300 달러였다. 그 돈으로는 집세조차도 낼 형편이 되지 않았다. 하지만 다음 해에 그는 시카고시 특별변호인으로서 3000달러를 벌었다.

대로우는 말했다. "형편이 바뀌기 시작하면서부터 모든 것이 순식간에 내가 원하는 대로 이루어지기 시작했습니다." 얼마 지나지 않아 그는 시카고 노스웨스턴 철도 회사의 총변호사가 되었고, 큰 돈을 벌기 시작했다. 그리고 곧 모든 것이 폭발하기 시작했다. 파업을 시작으로 증오와 폭동, 피바다가 벌어진 것이다.

대로우는 파업 참가자들 편이었다. 철도노조 위원장인 유진 데브스가 재판에 회부되자, 대로우는 자신의 자리를 포기하고 철도회사를 옹호하는 대신 파업 참가자들을 변호했다. 그것은 대로우의 앞으로 법정 역사의 이정표가 될 많은 열정적이고 선정적인 재판들 중 첫 번째 사건이었다. 예를 하나 들어보자면, 어린 보비 프랭크의 살인을 자백한 레오폴드와 롭의 유명한 사례가 있다. 범죄의 잔인성에 대중 여론은 너무 충격과 공포를 느꼈다. 그래서 클라렌스 대로우가 두 살인자의 변호를 맡았을 때, 그는 매도와 박해를 받았고 이 살인자 소년들을 방어하려고 든 것 자체로 범죄자보다 더 나쁜 인간이라고 불렸다. 그는 대체 왜 그런 것일까? 대로우는 말했다. "저는 혐오와 악의의 물결에 맞서서 제가 할 수 있는 일을 하기 위해 뛰어든 것 뿐입니다. 제 의뢰인은 아무도 사형에 처해진 적이 없고, 만약 제 의뢰인이 사형선고를 받게 된다면, 저는 그 생각만으로도 살 수 없을 것입니다. 저는 사형 집행에 대한 이야기를 한번도 읽을 수 없었습니다. 나는 가능하면 교수형 집행일에는 항상 동네를 떠나 있었습니다. 저는 사람을 죽이는 일에 대해서 강력히 반대합니다."

그는 사회가 범죄자를 만든다고, 그리고 누구라도 범죄자가 될 수 있다고 말한다.

대로우 자신도 피고인석에 서는 것이 어떤 일인지 알고 있었다. 그는 한때 배심원들에게 뇌물을 준 혐의로 기소되었고, 그의 강력한 웅변력을 변호에 사용해야 했다. 그가 경험한 것 중 가장 감동적인 감사의 표현은 대로우 자기자신의 재판 중이었다고 한다. 그의 과거 의뢰인 한 명이 그를 만나서 이렇게 말했다고 한다. "들어보세요. 제가 곤란할 때 당신이 저를 교수형대에서부터 탈출 시켜 준 적이 있습니다. 그리고 지금 당신이 곤란하니 제가 이제 당신을 도와줄게요. 당신을 위해서라면 기쁘게 주요 증인을 죽여줄 수도 있어요. 돈도 받지 않을 거구요."

대로우는 몇 년 전 자신의 인생에 대한 책을 한 권 냈다. 그리고 나는 그가 삶에 대한 철학에 대해서 윤곽을 그린 장을 읽으며 밤이 깊도록 깨어 있었던 것으로 기억한다.

그는 말한다. "내가 실제로 얼마나 많은 것을, 얼마나 적은 것을 성취했는지 확신할 수 없다. 나는 살아오는 길에서 실수도 했고, 인색한 운명에서 가능한 한 많은 즐거움을 찾았다. 방향과 여정의 목적지만을 염두에 두면서 하루하루 그 자체에 충실해야 한다. 내가 늙었다는 사실을 나는 실감하지 못한다. 그 긴 하루가 어디로 갔을까? 내가 가야 할 여정 앞으로 펼쳐진 온세상과 이를 위해 보내야 할 헤아릴 수 없는 시간을 보면 내가 이 길을 오기 시작하고서는 긴 시간이 지나지 않았다. 이제 순례는 거의 끝나고 나의 시간이 가까워지고 있다. 이제 내 눈에는 보인다. 아직도 한번도 지난 적 없는 길이 얼마나 끝이 없는지, 그리고 발에 닿은 길은 얼마나 짧은지."

- 클라이드 비티 -
사자 입 속으로 머리를 집어 넣으라고?
가스 마스크 없이는 그럴 수 없지!

　그는 호랑이에게 할퀴어지고 물리기도 했다. 그는 사자의 이빨이 다리 뼛속까지 쑥 들어가는 것을 느꼈다. 코끼리에게 내던져지며 곰은 그를 짓밟았다. 흑표범에게 살이 베이고 하이에나에게 물렸다. 그는 21번이나 상처에서 피를 흘리며 병원으로 보내졌다. 그리고 마지막으로 사자들 중 가장 컸던 네로가 그를 끝장냈을 때, 그는 10주 동안 병원에 입원해야 했고 거의 다리 하나를 잃을 뻔했다.

　클라이드 비티의 직업은 세상에서 가장 위험한 직업들 중 하나였다. 그는 하루에 한 번이 아니라 두 번씩은 죽음의 문턱을 넘나든다. 생명 보험 회사들은 그가 언제든 동물들의 발톱에 의해 갈기갈기 찢겨질 수 있다는 것을 깨닫고 그의 생명에 돈을 걸지 않기로 했다. 그는 서커스에서 보험에 가입할 수 없는 유일한 공연자이다.

그는 가끔 사자와 호랑이들과 마주하는 일을 그만둘 생각을 했다고 나에게 말했다. 그러나 그는 만약 자신이 이 일 대신 공장에서 시계를 맞추는 것 같은 일을 해야 한다고 하면 지루해서 죽을 지도 모른다고 했다. 그리고 만약 그가 죽어야만 한다면, 그는 지루해 죽느니 차라리 찢겨 죽을 것이라고도 했다.

클라이드 비티는 그의 스릴있고 신나는 15년의 인생 절반을 동안 서커스 텐트 아래에서 보냈다. 오하이오주 칠리코테의 작은 소년일 때 그는 서커스에 열광했다.

어느 신나는 하루, 그의 동네에 바넘과 베일리의 서커스단이 찾아왔다. 세탁소 직원이 가게 창문에 서커스 포스터를 붙였다. 노란색, 보라색, 빨간색으로 된 매력적인 그림은 사자 조련사가 동물을 가둔 철제 우리 위에서 으르렁 거리는 아프리카의 대형 고양이들에게 용감하게 채찍을 휘두르는 것을 보여주고 있었다. 비티는 세탁소 안으로 뛰어들어가 세탁소 주인에게 서커스가 동네를 떠나면 자신에게 저 포스터를 줄 수 없냐고 부탁했다. 세탁소 직원은 말했다. "그래, 네가 일주일 동안 내 심부름을 한다면 저걸 주지." 어린 비티는 이 제안을 받아들였다.

이 12살짜리 아이는 이미 포효하고, 이빨을 부딪히고, 으르렁거리는 악마들을 데리고 있었다. 아니면 적어도, 그는 그렇다고 믿고 있었다. 그는 개 다섯마리를 키웠는데, 그 개들은 앉아서 간식을 조르고, 데굴데굴 구르고, 뒷다리로 서서 걸어 다니는 훈련받았다.

가끔 어린 비티는 서커스 포스터를 붙이고 이웃 아이들을 위해 야생동물같은 행동을 하곤 했다. 그 후 매년 서커스단이 마을에 오면, 그는 대번에 달려가서 일자리를 구걸했다. 하지만 그는 너무 어렸다.

그러던 어느 여름, 서커스단을 태운 큰 캐러밴이 마을을 떠나고 있을 때, 그 캐러밴 안에는 흥분으로 가슴이 두근거리고 있던 클라이드 비티가 타고 있었다. 아이를 잃어버리자 절망에 찬 그의 부모는 사흘 동안 클라이드를 필사적으로 찾았다. 그의 어머니는 그가 서커스단과 함께 동물 우리를 청소하는 일을 하고 있다는 편지가 오기 전까지 밤새 울며 눈도 붙이지 못했다고 한다. 이 때 클라이드는 겨우 15살이었다. 그렇게 그는 한 달에 5달러를 벌며 파라다이스에서 살 기회를 잡은 것이다.

오하이오주 칠리코테 출신의 이 젊은이는 10년 만에 역사상 모든 사자 조련사를 능가했다. 그는 서커스단 사람들조차 불가능하다고 한 너무나도 대담하고 무모한 공연을 하고는 했다.

그리고 사람들이 실제로 그가 그 미친 짓을 하는 것을 보았을 때, 그들은 클라이드는 미치광이이며 그는 자신의 인생을 구멍뚫린 1원짜리 동전만도 못하게 여긴다고 말했다. 그는 40마리의 으르렁거리며 쉭쉭거리는 사자와 호랑이를 같은 우리에 넣고는 채찍을 휘두르며 재간을 부리도록 시켰다. 40마리의 사자와 호랑이는 증오로 가득 차 분노로 으르렁거리고 있었다. 사자와 호랑이는 서로 평생의 적이기 때문에 상대가 보이는 순간 싸우기 시작해 서커스단 사람들 사이에서도 이런 짓은 당연히 센세이션을 일으켰다. 그리고 클라이드 비티는 한 번도 아니고 여러번 서로 싸우고 으르렁거리는 맹수들로 가득한 우리 안에 들어가 있기도 했다.

그럼에도 불구하고 클라이드 비티는 호랑이나 사자는 통제하기에 제일 위험한 짐승들은 아니라고 한다. 그는 사자와 호랑이에서부터 표범, 곰, 하이에나, 코끼리까지 모든 짐승들을 다뤘다. 그리고 그가 말한 가장 위험한 동물은 북극곰이었다.

그리고 그가 말하는 가장 어려운 재주는 호랑이를 코끼리 등에 태우는 것이라고 한다. 실제로 그는 방금 호랑이 우리에서 나와 코끼리가 싫어하는 호랑이 냄새를 풍기며 코끼리에게 다가가 코끼리에게 죽을 뻔 한 적이 있다고 했다.

동물 훈련사들은 자기가 훈련하는 동물을 똑바로 바라보는 것으로 동물을 통제한다는 말을 들어본 적이 있을 것이다. 하지만 클라이드 비티는 이는 말도 안되는 말이라고 했다. 일반적인 사자는 그 유명한 메이 웨스트가 눈을 똑바로 쳐다보더라도 눈하나 깜짝하지 않을 것이라고 한다. 그가 말하길 그가 유일하게 동물의 눈을 쳐다보는 이유는 그 동물이 무슨 생각을 하고 있는지, 그리고 그 동물이 바로 다음에 무엇을 할지 예상하기 위해서 뿐이라고 한다.

비티는 어떤 훈련사도 사자의 입에 머리를 집어 넣은 자는 없다고 말한다. 단지 그렇게 보이는 것 뿐이라고 말이다. "저는 상당히 무모한 동물 훈련사들을 몇 알지만 그 중 누구도 사자 입에 머리를 집어 넣을 정도로 미친 놈은 없어요."라고 그는 말했다. 더구나 사자는 입냄새가 너무 심해서 사자의 절친마저도 가스 마스크를 써야 할 정도라고 한다.

달리 흔히들 알고 있는 이야기로는 사자 훈련사들은 화가난 사자를 통제하기 위해서 불에 달군 쇠꼬챙이를 사용한다는 것이다. 하지만 비티는 자살을 그렇게 하고 싶다면 방금 뜨거운 쇠꼬챙이로 살이 탄 사자와 호랑이 우리로 들어가라고 말한다. 그의 무해한 무기는 부엌 의자, 채찍, 그리고 공포탄으로 채운 권총이라고 한다.

그를 정말 열받게 하는 것이 있다면 사람들이 그를 '사자 조련사'라고 부르는 것이라고 한다. 그는 '사자 훈련사'이지 '조련사'가 아니라는 것이다.

그가 말하길 호랑이도 마찬가지 이지만 사자 역시 절대로 조련으로 길들일 수 없다고 한다. 실제로 그 동물들은 아시아나 아프리카의 대자연에서 으르렁 거리던 그대로 야생성이 살아있다.

클라이드 비티는 이미 사람 손에서 자라 길들여진 동물로 공연을 준비해 본 적이 있다고 한다. 하지만 그는 언제라도 야생 동물과 일하는 것이 더 낫다고 한다. 그에 의하면 이미 길들여진 동물은 오냐오냐하며 자란 애들 같다고 한다. 왜냐하면 그들은 아무것도 하기 싫어하면 온갖 호사를 누리고 쓰다듬을 받기 때문이라고 한다.

사람들이 그에게 가장 많이 묻는 질문은 "사자와 호랑이가 싸우면 누가 이기냐" 이다. 솔직히 그는 답을 모른다. 클라이드는 자기 주변 곳곳에서 사자와 호랑이가 싸우는 큰 우리 안에 수십번은 있었지만, 사자들은 항상 무리를 짓지만 호랑이는 혼자 싸운다고 한다. 사자 한 마리가 싸우기 시작하면, 눈에 닿는 모든 사자들이, 특히 싸우는 사자가 자신과 형제사이라면 더욱이 무리를 짓기 시작한다고 한다. 사자들은 마치 남자아이들 같이 싸움이 보이면 그 안에 섞이지 않고는 못배기는 것이다. 그러나 호랑이는 그런 의식이 없다. 다른 호랑이들이 싸움에서 죽임을 당하는 동안 또 다른 호랑이는 그냥 자기 자리에 앉아 하품이나 할 것이다.

클라이드 비티가 그의 유명한 큰 우리에서 한 가장 흥미로운 묘기 중 하나는 곰이 완전히 공중제비를 돌게 하는 것인데, 이것은 세상에서 유일한 묘기이다. 이 묘기는 우연히 발견되었다. 비티는 어느 날 우리 안에 있었는데, 곰 한 마리가 이빨을 드러내고, 발톱을 세워서 눈에 불을 켜고 그에게 달려들었다. 이 곰은 비티를 죽일 작정이었고, 이 공격은 너무나도 갑작스럽고 맹렬해서 비티는 그의 머릿속에 바로 떠오르는 일을 했다. 그는 튀어 나가서 곰의 코에 강펀치를 날린 것이다. 곰에게 코를 때리는 것만큼 고통스러운 것은 없다. 그리고 비티의 주먹이 코에 맞자 곰은 통째로 넘어가서 완전히 공중제비를 했다. 그것이 비티에게 아이디어를 준 것이다. 이제 그가 그 때의 곰에게 공중제비를 시키려면 단지 채찍 끝으로 코를 톡톡 치기만 하면 된다고 한다.

클라이드 비티는 세상의 어느 누구보다 세계 곳곳의 야생 동물에 대해서 잘 안다고 할 수 있을 수도 있다. 그럼에도 그가 제일 좋아하는 동물은 개라고 한다.

- 메이요 형제 -

동네 전체를 완전히 망가뜨린 바람이
세상이 미쳐돌아가는 것을 방지하다

토네이도가 반세기 전 미네소타의 한 마을을 파괴하지 않았
다면 의학 역사상 가장 놀라운 발견 중 하나는 결코 만들어지
지 않았을지도 모른다.

토네이도가 강타한 마을은 현재 세계적으로 유명한 로체스
터로, 가장 위대한 외과의사 중 두 명인 메이요 브라더스의
고향이다. 그리고 그 발견은 정신이상을 치료하는 약이다. 이
약을 정신이 약해졌거나 정신 이상이 있는 사람의 몸에 넣으
면 짜잔! 혈액의 순환이 바뀌어 치료를 시작하게 된다.

이 발견이 인류에게 어떤 의미가 있는가? 다음의 사실을 예

로 들겠다. 독자 여러분들 자신이 한 번 판단해 보길 바란다.

미국의 병원에는 다른 모든 질병을 합친 것보다 더 많은 사람들이 정신 질환을 앓고 있다. 오늘날 학교에서 열여섯 명 중 한 명의 학생은 그의 삶의 일부를 정신병원에서 보내게 된다. 만약 당신이 15살이라면 당신의 인생의 7년 동안 정신질환자들을 위한 시설에 갇혀있을 확률이 5%는 된다는 이야기이다. 지난 10년 동안, 정신 질환은 거의 두 배로 증가했다. 만약 이 끔찍한 증가율이 계속해서 한 세기 동안 지속된다면, 미국 전체 인구의 절반은 정신질환 관련 시설에서 지내야 할 것이고, 나머지 절반은 시설 밖에서 세금으로 그들을 지원해야 할 것이다.

이 놀라운 치료법을 연구한 메이요 형제는 세계에서 가장 유명한 외과의들이다. 파리, 런던, 베를린, 로마, 레닌그라드, 도쿄에서 온 의사들이 메이요 형제에게서 조금이라도 배우기 위해 미네소타의 로체스터로 날아온다. 대부분 죽기 전 마지막 기회를 얻고자 하는 환자들 역시 1년에 6만명씩 메이요 클리닉을 성지 순례처럼 찾아온다.

그러나 다시 말하지만, 만약 60년 전 토네이도가 미국의 중

서부지역을 휩쓸고 지나가지 않았더라면 전세계는 메이요 형제나 미네소타의 로체스터, 나아가서는 이 정신과 치료법에 대해서 알지 못했을 것이다.

메이요 형제의 부친인 메이요 의사가 80년 전 로체스터에 정착했을 때, 그곳은 2천명의 사람만이 사는 작은 도시였다. 그의 첫 두 환자는 아픈 소와 아픈 말이었다.

1754년 미국 원주민과 프랑스인들 간의 전쟁이 벌어졌을 때, 의사 메이요는 머스킷 총을 쥐어들고 원주민들을 학살하러 떠났다. 전투의 연기가 가라앉으면 그는 다시 전투 현장으로 돌아가 죽은 사람들을 누이고 부상 입은 사람들을 치료했다. 그의 일반적인 환자들은 미네소타의 초원 50 마일에 거쳐서 흩어져 있었다. 그들의 다수는 초원의 풀로 만든 집에서 지냈다. 그들은 의사 치료를 받을 돈이 없었지만 마음씨 좋은 의사 메이요는 밤새 이동해서 그들의 아픈 곳을 치료했다. 가끔 그는 벌건 대낮에도 자기 손이보이지 않을 정도로 매서운 눈폭풍과 눈보라를 뚫고 가야할 때도 있었다.

그에게는 윌리엄과 찰스라는 두 아들이 있었는데, 이들이 바로 미래에 메이요 형제로 전세계에 알려지는 아이들이었다.

메이요 형제는 동네 약국에서 처방약을 조제하고 알약을 빻는 법을 배운 후, 의과 대학으로 진학했다. 그리고 곧 의료계의 역사를 바꿀 비극이 일어났다.

사이클론과 토네이도가 성난 신처럼 미네소타의 초원을 휩쓸고 지나간 것이다. 이것은 자신의 분노의 길에 있는 모든 것들을 폭발시키고, 파괴하고, 산산조각 냈다. 이 자연재해가 로체스터를 강타했고 이 작은 도시를 산산조각냈다. 수백 명의 사람들이 부상을 입었고 23명이 사망했다. 며칠 동안, 메이요 형제와 그들의 아버지는 폐허 속에서 사람들의 상처에 붕대를 감고, 부러진 팔다리를 붙이고, 수술을 진행했다. 성프란시스 수녀원의 수녀원장 알프레드 자매는 그들의 업적에 매우 감명받아 메이요 가족이 관리만 하겠다고 하면 병원을 세워주겠다고 제안했다. 그들은 이에 동의했고, 70대의 늙은 의사 메이요와 병원에서 인턴도 해 본 적 없는 메이요 형제들은 1889년 메이요 클리닉을 열게 된다. "우리는 신참 중에서도 신참이었습니다." 이것이 메이요 형제는 자신들을 이렇게 설명한다.

그러나 오늘날 형인 윌리엄 메이요는 암에 관한 세계 최고의 권위자로 여겨진다. 각각의 형제들은 서로가 더 대단하다고 믿으며 둘 다 지금까지 이뤄진 수술 중에 가장 깔끔한 수술로 유명하다. 그들은 대부분의 외과의사들을 놀라게 할 정도로 확실하고 신속하게 수술을 해낸다. 아침 7시 진료소에 도착하면 매일 4시간씩 꾸준히 수술을 한다. 메이요 형제는 수년 동안 하루에 15회에서 30회의 수술을 집도해 왔다. 그럼에도 불구하고 그들은 계속 둘 다 공부하고, 여전히 발전하기 위해 노력한다. 그리고 아직 배울 것이 많다는 것도 인정한다. 이제 로체스터 시 전체가 메이요 클리닉 주위에 메이요 클리닉을 위해서 형성되었다. 전차는 금지되고 버스들 역시 소리 없이 달린다. 거리에서의 대화조차 조용조용 이뤄진다.

가난한 사람들과 은행장들, 농부들과 영화배우들은 모두 대기실에서 차례를 기다려야 하고, 모두 똑같은 대우를 받는다. 돈이 많은 사람은 자신들이 낼 수 있는 만큼 내지만 치료비를 낼 돈이 없다고 되돌려 보내지는 환자는 없다.

메이요 형제들의 일의 삼분의 일은 자선 사업으로 이뤄진다. 그들은 청구서에 대해 소송을 제기한 적도 없고, 메모를 한 적도 없으며, 지불하기 위해 집을 저당잡히는 것도 허락하지 않는다. 그들은 환자들이 지불할 수 있는 만큼 가져온 현금을 있는 그대로 받고 이것으로 됐다고 하며, 수술을 집도하기 전에 환자가 얼마나 낼 수 있는지 절대로 물어보지 않는다.

한 사람이 자신의 목숨을 구해준 치료비를 내기 위해서 집을 저당잡힌 적이 있다. 메이요 형제가 이 일에 대해서 알게 되자, 그들은 그 환자의 수표를 돌려 보내면서 그가 병으로 고생할 때 잃은 수익을 보상해 주기 위해 자신들 돈으로 수백 달러를 받을 수 있는 수표를 얹어 주었다.

그들은 돈을 버는 일에는 관심이 없었던 두 작은 동네 소년들의 영광스러운 예시이다. 그럼에도 그들에게 돈은 홍수처럼 쏟아져 들어왔다.

그들은 유명세에도 관심이 없었다. 하지만 그럼에도 그들은 미국에서 가장 유명한 외과의가 되었다.

그들의 유일한 욕망은 고통받는 인류를 도와주는 일이었다. 메이요 클리닉의 대기실 책상 위에는 그들이 성공한 영원한 진실을 설명하는 액자가 걸려있다. 그 액자의 문구는 이렇다. "세상에 필요한 것을 가지세요. 그렇다면 당신이 숲 속에 살더라도, 당신이 가진 그것은 집으로 가는 길을 만들어 주게 될 것입니다."

길거리에서 싸우는 동안
은행을 거덜내고 만 달러를 벌다!

1921년, 한 성급한 청년이 파리의 대로를 활보하고 있었다. 그의 주머니는 거의 텅 비었지만 가슴은 끓어오르는 분노로 가득 차 있었다. 왜냐하면 그는 거의 4백만 달러를 도둑맞았기 때문이다. 아니면 적어도 그의 가족은 그랬다. 몇 해 전에, 미국 지질학자이자 광산 기술자인 그의 아버지는 러시아로 가서 유전을 발견하고 막대한 재산을 모았다. 전쟁이 끝난 후 소련은 그의 재산을 몰수하고 무일푼으로 만들었다. 그의 아들은 자신의 생명을 구하기 위해 파리로 도망쳤고, 1921년에 그는 굶주려있었고 수중에는 20달러 밖에 없었다.

그래서 그는 운을 걸었다. 그는 도박장으로 흘러 들어가 바카라 게임의 일종인 슈만드페르에 5달러를 걸었다. 그를 위한 카드가 뽑혀 나오고 있을 때, 한 프랑스 남자가 그의 발을 밟았다. 그 청년은 불처럼 화를 내면서 그 프랑스인을 돼지같은 놈이라고 부르고 그에게 즉각 사과하라고 요구했다.

그 프랑스인이 사과를 했을까? 그렇지 않았다! 그는 굉장한 모욕감을 받았고, 이 젊은 미국인에게 결투를 신청했다. 그들에게는 검이나 총이 없었기 때문에 그들은 도박장 뒷골목으로 나가서 서로에게 맨주먹을 갈겨 대었다. 눈에 멍이 들고 코피가 터지고 나서야 그들은 각각 제갈길로 나섰다.

이 건방진 젊은 미국인이 자신이 돈을 걸었던 테이블로 돌아왔을 때, 그는 할 말을 잃었다. 그 사이 은행이 거덜난 것이다. 그가 건 판돈 5달러가 싸우는 동안 한 번뿐이 아니라 10,000달러로 급상승할 때까지 기하급수적으로 증가했던 것이다.

그 싸움이 그의 인생 모든 것을 바꿔 놓았다. 그것은 또한 수백만의 사람들에게 영향을 미쳤다. 어떻게? 당신은 브리지 할 줄 아는가? 컬버트슨 시스템은? 컬버트슨이 도박장에 걸어 들어갔을 때 그는 백러시아 군대에 들어가 볼셰비키 몇 명을 총검으로 뚫고 재산 반환을 위해 싸울 생각이었기 때문에, 만약 그 주먹 싸움이 아니었다면 아마도 컬버트슨 시스템은 존재하지 않았을 것이다. 하지만 이제 그의 주머니에는 만 달러가 있으니, 그는 전쟁에 대한 모든 것을 잊고, 미국으로 가는 첫 배를 타서 워싱턴에 도착하면 소련 정부에게 4백만 달러 정도의 돈을 요구하며 고소하여 소설가나 경제학 교수가 되려고 했다.

이 때가 1921년이다. 컬버트슨은 이 당시 카드게임을 정말 못했다. 하지만 이제 그는 콘트랙트 브리지 게임으로 1년에 50만 달러 또는 1주일에 1만 달러 정도를 번다. 하지만, 그것이 결코 큰 이익이 되는 것은 아니다. 그는 전세계의 브리지 팬들에게서 끊임없이 날아오는 수많은 질문들을 답하기 위해 일년에 3만 달러를 쓴다. 그의 조수들은 모든 질문에 무료로 대답한다.

이름이 콘트랙트 브리지라는 카드게임과 거의 동의어가 된 컬버트슨은 모든 도박은 죄악이며 카드는 악마의 사악한 장치라는 것을 가르쳐준 경건한 장로교 아버지 손에 자랐다.

칼 마르크스와 톨스토이의 제자였던 그는 항상 급진적인 생각에 사로잡혀 있었다. 러시아에서 학창시절에도 그는 동료 학생들 사이에서 비밀 혁명 위원회를 조직하고, 그의 미국 여권을 이용해 스위스로 가서 레닌이 제네바에서 발행하던 볼셰비키 신문의 금지된 사본을 밀반입했다.

그가 1922년 미국으로 돌아왔을 때, 그는 철학과 사회학을 가르치는 직업을 구하려고 했지만 실패했다. 그리고 그는 석탄을 팔려고 했지만 이것도 실패했다. 커피를 팔아 보려고도 했지만 이것도 실패했다. 마지막으로 그는 뉴욕의 사회주의자들 한 무리를 위해서 프랑스 문학 개인 교습을 했고, 바이올린 연주자였던 자신의 형제의 콘서트 매니저가 됐다.

그 당시 그에게는 브리지를 가르쳐야 겠다는 생각이 들지 않았다. 그는 어설픈 카드놀이꾼에 불과했지만, 매우 완고한 사람이었다. 그는 너무 많은 질문을 했고, 너무 많은 사후 검사를 해서 아무도 그와 게임을 하고 싶어하지 않았다. 그는 브리지에 관한 책들을 읽었지만, 그것들은 별로 도움이 되지 않았고, 그래서 그는 스스로 책을 쓰기 시작했다. 세월이 흐르면서, 그는 브리지에 관한 책을 다섯 권 썼지만, 그것들은 별 가치가 없었고, 그는 그것을 알고 있었기 때문에 그 원고들이 활자화되기도 전에 그것들을 찢어버렸다. 그 이후로 그가 쓴 책들은 12개 언어로 번역되었고 거의 백만 부가 팔렸다. 그의 책 중 하나는 심지어 시각장애인들이 브리지 게임을 향상시킬 수 있도록 점자로도 만들어졌다.

컬버트슨은 1910년 처음 미국에 도착했다. 그의 러시아인 어머니가 그를 예일 대학에 보내기 위해서 그를 보낸 것이다. 하지만 그는 입학 시험에 떨어졌는데, 그 이유는 그가 영어를 잘못했기 때문이다.

생각해보라! 그는 미국 시민이다. 그는 미국 역사를 꿰고 있고, 러시아어, 독일어, 프랑스어, 스페인어, 이탈리아어 까지 할 줄 안다. 하지만 그는 영어는 유독 못했다. 그래서 그는 예일을 등지고 캐나다로 가서 철도 공사를 하던 노동자들의 계시원으로 일하기 시작했다. 그는 열정적인 연설로 그들이 사기를 당하고 저임금을 받고 있으며 사내 상점들이 그들의 돈을 착취하고 있다고 말했다. 그는 사람들의 마음을 모아서 파업을 조직한 후, 회사에서 쫓겨났다.

그리고 나서 그는 가장 가까운 마을로 200마일을 걸어갔고, 부랑자들과 함께 여행하고, 화물 열차에 몰래 올라타고, 부엌 문에서 음식을 구걸하며 태평양 연안으로 갔다.

그 때 당시 컬버트슨 시스템의 브리지 게임을 하고 있던 여성들 중 일부는 뒷문에서 엘리 컬버트슨에게 샌드위치와 뜨거운 커피를 나눠줬을 가능성이 꽤 높을 것이다.

세상에서 가장 위대한 소설
두편을 쓴 사실을 부끄러워한 작가

여기 아라비안 나이트에 나오는 어떤 이야기보다 더 믿을 수 없는 인생이 있다. 그것은 1910년에 사망한 한 예언자의 이야기이다. 그는 죽기 전 20년 동안 그의 얼굴을 힐끗 보거나, 그의 목소리를 듣거나, 옷자락 끝이라도 만지고 싶어하는 숭배재들이 끊임없이 그의 집을 순례할 정도로 존경받았다.

친구들은 한 번에 몇 년씩 그의 집에 와서 살면서 심지어 가장 가벼운 대화에서 조차 그가 한 모든 말을 속기로 기록하며 그의 일상 생활의 가장 사소한 행동까지도 아주 상세하게 묘사했다. 이 기록들은 그 후 엄청난 두께의 책으로 인쇄되었다.

이 남자와 이 남자의 생각에 대하여 2천 300권도 아닌, 2만 3천 권의 책이 쓰여졌고, 신문과 잡지 기사 5만 6천건이 쓰였다. 그리고 톨스토이 자신 역시 세상에 어느 누가 썼다 하더라도 어마어마한 양의 글인 100권의 책을 썼다.

그의 인생 이야기 역시 그가 쓴 책의 이야기 일부 만큼이나 다채로웠다. 그는 옛 러시아 귀족 가문의, 방 42개가 있는 저택에서 부유함으로 둘러쌓인 채 호화로운 요람에서 태어났다. 하지만 그의 인생 마지막에 그는 자신이 가진 모든 땅과 세속적인 소유물을 모두 사람들에게 넘겨주고는 소작농들에게 둘러 쌓인 채 한 푼도 없이 외로운 러시아의 기차역에서 죽었다.

젊었을 때 그는 고상한 척 도도하게 걸어다니며 모스크바의 양복점에서 적지 않은 돈을 써대는 속물이었다. 하지만 노년이 되었을 때 톨스토이는 러시아의 소작농들이 입는 거칠고 막 만들어진 옷을 입으며 직접 신발을 만들고, 직접 침대정리와 방청소도하고 투박한 테이블에서 나무 그릇과 나무 숟가락으로 자신이 직접 만든 소박한 음식을 먹게 되었다.

젊었을 때 그는 톨스토이 본인이 말하길 "더럽고 증오스러운 삶"을 살았다고 한다. 그는 술에 쩔어서 결투를 걸어 대고, 생각할 수 있는 모든 죄, 심지어 살인까지 저질렀다고 한다. 하지만 나이를 먹고나서 그는 예수가 가르친 그대로 살기 위해 노력했고 러시아에서 가장 성스러운 영향력이 되었다.

그의 결혼 생활 초기에 그와 그의 아내는 너무 행복해서 실제로 함께 무릎을 꿇고 전능하신 하나님께 그들의 천국같은 행복, 신성한 황홀이 계속되기를 기도했다. 그러나 나중에 그들은 비극적으로 불행했다. 톨스토이는 마침내 자신의 부인을 보는 것 자체를 혐오하게 되었고, 그의 임종시 부탁은 그의 아내가 자기가 있는 곳에 들어오는 것조차 허락하지 말라는 것이었다.

그의 젊은 시절에, 그는 대학에서 낙제했고 그의 개인교사들은 그의 아둔한 머리 속에 어떤 것이라도 집어넣으려고 하다 절망했다. 그러나 30년 후 그는 세계에서 제일 잘 알려지고 수세기 동안 살아 숨쉴 소설 두 권 〈전쟁과 평화〉, 그리고 〈안나 카레니나〉를 썼다.

톨스토이는 이제 러시아의 어둡고 피에 물든 제국을 거느렸던 어느 황제보다도 러시아 밖에서 유명한 인물이 되었다.

그러나 이 위대한 소설을 쓴 사실이 그를 행복하게 했을까? 잠시는 그랬다고 한다. 그러나 그는 그 소설들을 썼다는 사실에 너무나도 부끄러워했고, 그의 남은 인생을 작은 팜플렛을 쓰고 평화와 사랑을 설교하며 가난을 폐지하는 데 바쳤다. 그는 책자들을 값싼 판으로 인쇄하여 수레와 손수레에 싣고 돌아다니며 집집마다 팔았다. 그리고 4년의 짧은 기간 만에 1,200만 부가 배포되었다.

몇 년 전 나는 파리에서 톨스토이의 막내 따님과 만나는 영광을 얻었다. 그녀는 톨스토이가 죽기 얼마 전 부터 그의 비서로 일했고 그가 죽을 당시 그의 곁에 있었다. 그녀의 입을 통해서 나는 톨스토이의 많은 사실을 배우게 되었다. 그 후 그녀는 〈톨스토이의 비극〉이라는 제목으로 자신의 부친에 대한 책을 써냈다.

진정으로 톨스토이의 인생은 비극이었고, 그 비극의 원인은 결혼이었다. 그의 부인은 사치를 좋아했고, 톨스토이는 이를 혐오했다. 그녀는 명성과 사회의 찬사를 갈구했지만, 톨스토이에게 이러한 경박한 것들은 아무런 의미가 없었다. 그녀는 돈과 부를 갈망했지만, 그는 부와 사유 재산은 죄악이라고 믿었다. 그녀는 무력으로 통치하는 것을 믿었지만, 그는 사랑으로 통치하는 것을 믿었다.

그리고 설상가상으로 톨스토이의 부인은 매우 질투심이 심했다. 그녀는 톨스토이의 친구들을 극도로 혐오했다. 그녀는 심지어 자신의 친딸 조차 집에서 쫓아냈고 톨스토이의 방으로 달려가 자기 딸 사진을 공기총으로 쏘았다.

몇 년 동안 그녀는 그에게 잔소리며 훈계를 하고 소리를 지르며 그를 괴롭혔는데, 이 때문에, 톨스토이의 말을 빌리자면, 그의 집을 진정 지옥이 되었다고 한다. 이것은 그가 러시아 사람들에게서는 인세를 받지 않으며 자유로이 그의 책을 출판할 수 있는 권리를 주겠다고 주장했기 때문이다.

그가 부인의 말에 반대하자, 그녀는 어마어마한 신경질을 부리며 아편을 입 근처에 갖다 대고는 바닥을 구르며 우물에 뛰어들어서 죽어버리겠다고 협박을 했다.

그들은 50년은 결혼한 상태였다. 그리고 때때로 그녀는 그의 앞에 무릎을 꿇고는 48년 전, 그들이 아직 서로 미친듯이 사랑하고 있었을 때 톨스토이가 그의 일기에 그녀에 대해 썼던 정교하고 가슴 아픈 사랑의 구절을 그녀에게 읽어달라고 간청했다. 그가 이제는 영원히 지나가 버린 그 아름다웠던 날들의 시간을 읽을 때 마다 그들은 쓰라리게 눈물 흘렸다.

마침내 톨스토이가 82세가 되던 1910년 10월 21일 밤, 그는 집의 비극적인 불행을 더 이상 견디지 못하고 아내로부터 도망쳤다. 그는 추위와 어둠 속으로 도망쳤고, 어디로 가는지도 몰랐다.

11일 후 그는 기차역에서 폐렴으로 죽어가며 마지막으로 말했다. "신이 모든 것을 찾을 수 있도록, 언제나 찾을 수 있도록 준비하실 것이다."

- J. P. 모건 -

사람들이 총과 폭탄을 들고 쫓아왔지만 부활절 백합을 내민 남자

아마도 금융계에서 가장 영향력 있는 사람은 월스트리트의 독재자이자 주식과 채권의 세계의 대거물인 고 J.P.모건이었다.

그럼에도 인간으로서 모건은 거의 알려진 바가 없다. 그를 베일에 쌓인 남자라고 부르는 것은 결코 과장이 아닐 것이다. 그는 매스컴의 관심을 피했고, 파파라치 같은 사진가들에 대한 혐오는 공포증이 될 정도였다.

화가 나면 그는 경솔할 정도로 막말을 했다. 실제로 그는 너무나 말을 함부로해서 가끔 "미국에서 가장 외교 수완이 없는 남자"라고 불릴 정도였다.

키는 180cm가 넘고 몸무게는 90kg에 육박하는 무시무시한 몸집으로 그는 겁도 없었다. 한 예시를 들어보자면, 어느 날 한 미치광이가 모건의 집에 쳐들어가 총을 꺼내들며 모건에게 쏘겠다고 위협했다. 모건은 근처 문으로 달려 나갔을 수도 있었지만 피하지 않았다. 대신 그는 번쩍이는 권총을 향해 곧장 걸어갔다. 그 즉시 폭발음이 울렸고 모건은 비틀거렸다. 총알이 그의 복부에 박힌 것이다. 그는 비틀거렸지만, 계속해서 침입자를 향해 다가갔다. 그는 그 미치광이에게 달려들어 손에서 권총을 비틀어 빼냈다. 그 후 모건은 쓰러져서 의식을 잃고 바닥에 쓰러졌다. 그는 급히 병원으로 후송되었다. 고작 몇 인치 차이로 죽음을 피한 것이다.

평범한 인간이 월가 23번지의 간단히 "코너"라고 알려진 낮고 납작한 고위 금융의 성채인 모건의 사무실에 가서 그 강력한 금의 왕에게 접근하는 것은 거의 불가능했다. 관광 가이드들은 관광객들에게 그 건물의 표면에 있는 파괴의 흔적을 언제나 소개한다. 이 흉터는 40명의 목숨을 앗아가고 200명을 부상입혔으며 200만 달러 상당의 재산을 파괴한 1916년의 끔찍한 재앙을 오늘 날까지 유일하게 상기시켜 주는 흔적이다.

그 사건은 정확하게 정오에서 1분이 지난 시각에 일어났다. 행복하고 거리낄 것 없는 사람들은 천여개의 사무실에서 쏟아져 나오고 있었고 그 누구도 모건 빌딩 건너편에 서 있던 평범하기 짝이 없는 늙은 말과 마수레에 신경쓰지 않고 있었다.

순식간에 연노랑색의 빛이 퍼졌다. 그리고 당당한 고층빌딩들이 끔찍한 폭발음으로 토대까지 흔들렸다. 50kg 정도의 TNT로 가득 찬 폭탄이 터진 것이다. 치명적인 폭탄 파편이 거리를 우박처럼 휩쓸었다.

천 개의 창문이 산산조각이 났고, 깨진 유리 폭풍이 굉음을 내며 인도로 떨어졌다. 지상 12층 높이에 있던 차양이 갑자기 불길에 휩싸였다.

사람의 팔, 다리, 그리고 심지어 머리까지도 7~10미터 위의 창문을 통해 날아 들어 선반 위로 내던져졌다.

심각한 부상을 입고 피가 나서 죽어가는 사람들이 비명을 지르며 거리를 달려갔지만, 결국 곤두박질쳐 죽었다.

소방차의 사이렌 소리와 구급차의 소리는 그 난리에 공포와 두려움을 더할 뿐이었다.

하지만 이 모든 테러의 대상이 된 모건 당사자는 그 때 당시 유럽에 있었다. 그는 어떤 대가를 치르더라도 그 비열한 행위에 책임이 있는 범죄자들을 붙잡기로 결심했다.

5만 달러의 포상금을 걸었다. 경찰, 연방요원, 비밀경호국 요원, 사설탐정들이 역사상 가장 큰 규모의 범인 추적을 시작했다. 수색은 온 지구를 휩쓸었다. 출항하는 배들은 물론 캐나다와 멕시코 국경도 감시를 받았다. 단서를 찾기 위해 뉴욕과 시카고, 그리고 12개 다른 도시들의 지하세계가 단서를 위해 샅샅이 수색되었다. 막대한 금액이 수색에 쓰였지만, 결국 헛수고가 되었다.

두 명의 무장한 형사가 모건 사무실 앞에서 밤을 지새웠다. 그리고 옆의 고층 건물에서 날아올지도 모르는 폭탄으로부터 보호하기 위해 이 낮은 건물의 지붕은 무거운 철제 차폐물로 덮여 있었다.

그 견고하고 꾸밈없는 건물의 안쪽에는 교실처럼 책상 두

줄이 하나씩 이어져 놓여 있었다. 이 책상 앞에서 18명의 모건 파트너들이 일했고, 그들의 맨 뒤에는 시험 시간에 수업을 감독하는 교장처럼 회사의 책임자인 모건이 앉아 있었다.

세계 역사상 다른 어떤 개인 은행도 국가들의 치열한 문제에 그렇게 중요한 역할을 하지 못했다. 피렌체의 메디치 가문이나 유럽의 로스차일드 가문조차도 그렇게 드넓은 위신을 누리지 못했다. 로스차일드 가문은 나폴레옹으로부터 유럽을 구했지만 모건 은행은 다른 어떤 경제적 영향력보다도 주요하게 연합국을 제1차 세계대전에서 승리하게 만든 힘이었다.

1915년에 모건 회사는 꿈에도 생각하지 못했던 가장 큰 해외 대출을 강행했다. 5억 달러라는 돈이 전쟁의 힘줄이 되기 위하여 전세계에 보태졌다. 모건은 미국에서 연합군 전체의 구매 대리인이 되었다. 그들은 수십억 달러의 무기와 물자를 사들였다. 한 달 만에 그들은 한 달 정도 안에 지구 표면 전체에서 보통 때 통용되는 돈보다 더 많은 돈을 썼다.

J.P.모건은 소음과 매연이 가득한 뉴욕에 있었던 것 만큼 연녹색 안개로 가득한 런던을 편안하게 여겼다. 그의 부친이 살아 있는 몇 년 동안, J.P.모건은 모건 회사 영국 지부의 수

뇌부로 있었다. 그 후, 그는 뉴욕의 월가로 돌아와서 영국의 오후의 티타임 습관을 미국 지부에 도입했다.

1943년 사망하기 전, 그는 그로스베너 광장에 집을 가지고 있었다. 그는 이 집에 항상 고용인들을 배치하여, 몇 달 동안 자리를 비워도 언제든지 들러 곧장 저녁 식사를 할 수 있었고, 벽난로에는 언제든 불이 활활 타고 있었으며 항상 침대가 새 시트로 정리되어 있었다.

그는 미국 성공회의 기둥이었지만, 가톨릭의 중심인 교황과 정기적으로 서신을 주고받았다. 그리고 그가 바티칸을 방문했을 때, 그와 교황은 몇 시간 동안 앉아서 이집트의 중세 언어인 콥트어로 쓰여진 희귀한 문서들에 대하여 논의했다.

모건의 유명한 개인 도서관에는 콜럼버스가 아메리카를 발견하기 500년 전에 수도사들이 쓴 채색 원고들이 보관되어 있다. 그는 값을 매길 수도 없는 셰익스피어의 폴리오와 구텐베르크 성경 한 부 또한 가지고 있었다. 그 책 한 권만으로도 아마 20만 달러의 가치가 있을 것이다.

J.P.모건은 셰익스피어와 성경에 대한 지식으로 유명하다.

하지만 그는 우리 같은 사람들과 처럼 좋은 추리 소설 읽는 것을 매우 좋아했다.

'위대한 모건'으로 알려진 그의 아버지처럼, J.P.모건은 역시 예술에 조예가 깊었다. 그는 그림, 조각, 태피스트리, 도자기, 보석 등에 수많은 돈을 썼다. 그리고 그가 값을 매길 수 없는 그림들 일부를 팔았을 때, 그 이야기는 뉴욕의 모든 신문의 1면에 대서특필되었다.

매년 크리스마스 이브에 모건 개인 도서관에서는 특별한 행사가 열렸다. 그의 아이들과 손주들, 그리고 가까운 친구들이 모여 〈크리스마스 캐롤〉에 나오는 스크루지 이야기를 들었던 것이다. 그리고 이 때 읽혀진 책은 흔히 팔리는 책이 아닌 찰스 디킨스 본인의 손으로 쓴 원고였다.

이렇게 부유한 모건이었지만 그가 즐기는 일의 많은 것들은 소박한 것들이었다. 예를 들면 그는 비가 오는 날 오래된 모자와 코트를 입고 나가서 얼굴에 비를 맞으며 걷는 것을 좋아했다.

그는 그의 아내를 무척 사랑했다. 그리고 그녀가 1925년에 죽은 후, 그는 그녀가 떠난 방을 그대로 유지했다. 그녀는 수면병으로 알려진 불가사의한 질병으로 사망했는데, 모건의 막대한 재산도 그가 사랑하는 사람을 구할 힘이 없었다.

그의 농부 어머니는 그의 음악 수업을 위해 맨발로 다녔고 그는 세계에서 가장 위대한 가수가 되었다

엔리코 카루소가 1921년, 48세의 나이로 세상을 떠났을 때, 모든 나라들은 슬픔으로 벙어리가 되었다. 사람들의 기억 속에서 가장 아름다운 목소리가 영원히 고요하고 조용해졌기 때문이다. 카루소는 한창 세상의 갈채가 아직 귓가에 울려 퍼지는 동안 삶을 잃었다. 그는 과로로 지쳐, 감기에 걸렸지만 이를 방치하여 6개월 동안 죽음과 용감하게 싸우는 동안 그를 사랑하는 세상은 미사를 올리고 백만 번의 열렬한 기도를 천국의 운명의 문을 향해 날렸다. 카루소의 마법 같은 목소리는 단순히 신들이 준 선물이 아니라, 오랜 세월 동안의 고단한 노력과 인내심 있는 연습 그리고 끊임없는 끈기의 보상이었다.

처음 노래를 배우기 시작했을 때, 카루소의 목소리는 너무 가늘고 얇아서 한 교사는 그에게 "너는 노래를 못해. 너는 목소리라고 부를 만한 것이 없다고. 그냥 셔터를 지나는 바람소리 같아." 라고 까지 했다.

수년 동안, 그의 목소리는 고음에서 갈라졌고, 그의 연기는 너무 형편없어서 공연 중에 실제로 야유를 받기도 했다. 불멸의 카루소만큼 성공의 향긋한 포도주를 깊이 마신 사람은 거의 없었다. 그러나 그의 명성이 최고조에 달했을 때도, 카루소는 초창기의 시절의 시련을 기억할 때마다, 울음을 터뜨리고는 했다.

카루소의 모친은 카루소가 15살 때 사망했는데, 그 이후로 일생동안 카루소는 어디를 가던 모친의 초상화를 가지고 다녔다. 카루소의 모친은 21명의 아이를 낳았는데 그 중 18명이 유아기에 사망하고 3명만이 살아 남았다. 그녀는 단지 고난과 슬픔 외에는 거의 아는 것이 없는 농부 여성일 뿐이었다. 그러나 어찌된 일인지, 그녀는 이 한 아들이 천재성의 불길로 신성하게 될 것이라는 것을 느꼈고, 그를 위해서 할 수만 있다면 희생이란 말은 무의미하다는 것도 느꼈다. 카루소는 이렇게 말하곤 했다. "어머니는 내가 노래를 부를 수 있도록 신발을 신지 않으셨다." 그리고 그는 말하면서 눈물을 흘렸다.

그가 겨우 10살이었을 때, 그의 아버지는 그를 학교에서 데리고 나와 공장에서 일하게 했다. 저녁 퇴근 후 매일 카루소는 음악을 공부했지만, 스물한 살이 되어서야 겨우 스스로 노래로 공장에서 나올 만큼 벌 수 있었다.

그 당시, 그는 저녁 식사를 위해 이웃 카페에서 노래를 부를 기회가 생겼다 하면 바로 달려들었다. 그는 종종 어떤 여자의 창문 아래에서 세레나데를 부르기 위해 고용되었다. 그 부인의 음치 애인이 달빛 아래서 온갖 흠모의 몸짓을 하며 대담하게 서있는 동안, 문간에 숨어 있던 카루소는 아폴로처럼 부드럽고 유혹적인 어조로 노래에 그의 영혼을 쏟아내곤 했다.

마침내, 그가 오페라에서 노래할 첫 번째 진짜 기회를 얻었을 때, 그는 리허설에서 너무 긴장해서 그의 목소리가 갈라지고 유리가 떨어지는 것처럼 산산조각이 났다. 그는 몇 번이고 다시 시도했지만, 모든 음정이 엉망이었다. 마침내 그는 울음을 터뜨리며 극장에서 도망쳤다.

그가 실제로 오페라에 데뷔했을 때, 그는 술에 취해 있었다. 그는 너무 취해 있어서 청중들의 야유와 성희롱으로 그의 목소리가 묻혔다. 그 당시에 그는 단지 대역에 불과했는데, 그 날 저녁 주연을 맡았던 테너가 갑자기 병에 걸린 것이었다. 카루소는 그 자리에 없었다. 그런 카루소를 찾기 위해 메신저들이 거리를 뛰어다녔다. 마침내 그가 와인 가게에서 발견되었을 때 카루소는 술에 나가 떨어져 있었다. 소식을 들은 그는 가능한 한 빨리 극장으로 달려갔다. 그가 극장에 흥분으로 숨을 헐떡이며 도착했을 때, 답답한 탈의실과 포도주의 열기는 너무 심해졌다. 갑자기 온 세상이 회전목마처럼 돌기 시작했다. 그리고 카루소가 무대 위로 걸어갔을 때, 극장에는 대혼란이 일어났다.

그 공연을 계기로 카루소는 해당 극장에서 해고되었다. 그 다음날 그는 너무 마음이 아프고 절망적이어서 자살하기로 결심했다.

그의 주머니에는 단지 1리라 밖에 없었다. 딱 포도주 1병을 살수나 있는 돈이었다. 카루소는 하루종일 아무 것도 먹지 않고 포도주만을 마시며 어떻게 죽을 지 궁리했다. 그 때, 그의 집 문이 벌컥 열리며 오페라 극장의 메신저가 뛰어 들어왔다.

그 메신저는 소리쳤다. "카루소! 카루소! 어서 와! 사람들이 다른 테너를 들으려고 하질 않아! 사람들이 그를 무대에서 야유로 쫓아냈어. 모두 너를 올려보내라고 하고 있어! 너를!"

"나를!" 카루소는 목소리를 높였다. "그건 말도 안돼. 그 사람들 내 이름도 모르잖아."

"당연히 모르지." 메신저는 헐떡이며 말했다. "하지만 그것과 상관없이 다들 너를 원하고 있다고. 모두 '그 주정뱅이'를 부르라고 하고 있어!"

엔리코 카루소가 죽었을 때, 그는 몇 백만장자였다. 그의 음반만으로도 그는 2백만 달러 이상을 벌었다. 그러나 그는 젊은 시절의 가난에 너무 시달려서, 죽을 때까지 모든 지출을 작은 수첩에 적었다. 수집품들을 위해 값을 매길 수 없을 정도로 오래된 레이스나 상아 조각을 샀던, 아니면 호텔보이에게 팁을 주었던 상관없이 그는 정확한 금액을 항상 메모했다.

그는 이탈리아 농민들에게 흔한 모든 미신에 시달렸다. 죽을 때까지 그는 '악한 눈'을 두려워했고, 점성술사와 먼저 상의하지 않고는 바다를 건너지 않았다. 절대로 사다리 밑을 걸어가지 않았고, 금요일에는 절대로 새 옷을 입지 않았다. 그리고 화요일과 금요일에는 그 어떤 것도 그를 여행을 시작하거나 새로운 일을 시작하게 할 수 없었다.

카루소는 청결에 대한 진정한 강박증이 있었는데, 집에 들어올 때마다 속옷부터 각반까지 모든 옷을 갈아입었다.

그는 세상에서 가장 희귀하고 귀중한 목소리를 가지고 있었지만 분장을 하는 동안 탈의실에서 담배를 피웠다. 사람들이 그에게 담배를 피우면 목소리가 다치지 않느냐고 물으면, 그는 그저 웃기만 했다. 그는 식단관리도 비웃었다. 그리고 매 공연마다 무대에 오르기 직전에는 위스키와 소다 한 모금으로 목을 축였다.

카루소는 열 살 때 학교를 떠난 후 거의 책을 읽지 않았다. 그는 아내에게 "내가 왜 책을 읽어야 하지? 나는 삶 자체로부터 배우는 걸."이라고 말했다.

책을 읽는 대신 카루소는 수집한 우표와 희귀한 동전에 몇 시간이고 몰두하고는 했다. 그는 캐리커처에 특별한 재능도 있어서 매주 이탈리아의 정기 간행물에 만화를 기고하기도 했다.

수년간 카루소는 그의 신경을 고문하고 그를 고통으로 비명을 지르게 하는 극심한 두통에 시달렸다. 전에 보였던 놀라운 활력은 그가 나이 들기 시작하면서 떨어지기 시작했다. 그는 점점 더 많은 시간을 서재의 조용한 곳에서 보냈고 군중들 찬사에 대해서는 점점 더 신경을 쓰지 않았다. 마침내 그는 우울한 기분에 사로잡혀 신문을 자르고 오려내어 다듬어 추억의 책에 붙여넣는 데 몇 시간을 보냈다.

카루소는 나폴리에서 태어났다. 하지만 그가 처음 고향에서 노래를 부르자, 신문들은 그를 비난했고 청중들은 냉담하고 무반응했다. 카루소는 깊은 상처를 받았고 그들을 절대로 용서하지 않았다. 전성기에 카루소는 종종 나폴리로 돌아갔지만, 그는 거기서 다시는 노래하기를 철저히 거부했다.

아마도 그의 인생에서 가장 위대하고 행복했던 순간은 그가 처음으로 딸 글로리아를 품에 안았을 때였을 것이다. 그는 글로리아가 복도를 달려와 자신의 작업실 문을 열 수 있을 정도로 클 때만을 기다리고 있을 뿐이라고 거듭 말했다. 어느 날 이탈리아에서 카루소가 피아노 옆에 서 있을 때, 바로 그 일이 일어났다. 그는 어린 딸을 품에 안고 눈물을 글썽이며 아내에게 말했다. "기억해? 나는 단지 이 순간이 오기 만을 기다리고 있었다고?"

그리고 일주일도 안 돼 그는 사망했다.

나폴레옹 같이 여겨진
눈과 귀가 멀고 벙어리인 소녀

마크 트웨인은 이렇게 말한 적 있다. "19세기에 가장 흥미로운 인물들은 나폴레옹과 헬렌 켈레이다."

마크 트웨인이 이렇게 말했을 때, 헬렌 켈러는 고작 15살이었다. 그녀는 지금까지도 가장 흥미로운 인물들 중 하나로 여겨지고 있다.

헬렌 켈러는 완전히 맹인이었다. 하지만 그녀는 눈이 보이는 사람의 대부분에 비해서 훨씬 많은 책을 읽었다. 헬렌 켈러는 평균적인 수준보다 수백배는 되는 양의 책을 읽었을 것이고, 책 11권도 직접 집필했다. 그녀는 자신의 인생을 다룬 영화를 만들어 직접 연기하기도 했다.

헬렌 켈러는 전혀 들을 수 없었지만 들을 수 있는 많은 사람들에 비해서 훨씬 더 많이 음악을 즐겼다. 9년 동안 그녀는 말도 할 수 없었다. 그럼에도 남북전쟁 당시 북군에 속한 모든 주에서 연설을 해왔다. 그리고 4년간 소가극에서 주연을 맡아 오기도 했고 유럽 전역을 여행했다.

헬렌 켈러는 온전히 평범하게 태어났다. 태어난 직후 1년반 동안은 다른 여느 아이들처럼 온전히 보고 들을 수 있었으며 말도 하기 시작했었다. 그러나 어느 날 갑자기 그녀에게 재앙이 닥쳤다. 병마에 휘말려 19개월이 된 때에는 보도 듣도 말도 할 수 없게 되어 존재 자체를 망치게 된 것이다.

헬렌 켈러는 정글에 사는 짐승처럼 자라기 시작했다. 마음에 들지 않는 것은 뭐든지 때려부수고 파괴해버렸다. 두 손으로 입에 음식을 밀어 넣기도 하였다. 그리고 누구라도 그녀를 고치려고 하면 바닥에 드러누워 발을 구르며 몸부림을 치고 소리를 지르려 하였다.

완전히 절망한 헬렌 켈러의 부모는 보스턴에 있는 퍼킨스 맹인 기관에 헬렌 켈러를 보내 선생님을 붙여 주기를 부탁했다. 그러자 마치 빛의 천사처럼 그들의 비참한 인생에 앤 맨

스필드 설리반이라는 인물이 나타났다. 설리반 선생은 보스턴 퍼킨스 기관을 떠났을 때 겨우 스무살이었고 불가능해 보이는 임무를 맡게 된 것이다. 귀도 눈도 멀고 말까지 할 수 없는 어린이를 가르치는 임무말이다. 설리반 그 자신도 슬프고 가슴아픈 빈곤으로 가득 차 있었다.

10살 때 앤 설리반은 남동생과 메사추세스 툭스버리의 구빈원에서 지내도록 보내졌다. 그 구빈원은 너무나 인원이 넘쳐나서 앤 설리반과 남동생은 '죽은 자의 방'으로 알려진 방에서 잤다. 그 방은 시신이 묻히기 전에 임시적으로 놓여있는 방이었다. 남동생은 허약했는데, 그 방에서 지내기 시작한 후로부터 6개월 만에 사망했다. 앤 자신도 14살에 거의 눈이 안 보이게 되어 퍼킨스 기관에 보내져서 손으로 점자를 읽는 법을 배웠다. 그 당시 앤은 눈이 멀지는 않았다. 시력이 점점 회복되었다. 반세기가 지난 후 세상을 떠나기 얼마 전에야 결국 암흑이 설리반의 눈을 뒤덮었다.

단순히 몇 글자로는 앤 설리반이 헬렌 켈러와 함께 이뤄낸 기적이나, 한 달이라는 짧은 기간 안에 완전한 어둠과 혹독한 고요 속에서 살아가고 있던 아이와 소통에 성공한 사실을 설명할 수 없다. 그 이야기는 헬렌 켈러 본인의 '나의 이야기'라는 책에 잊을 수 없는 그 내용이 담겨있다. 그 책을 읽은 사람이라면 듣지도 못하고 말도 못하고 눈도 보이지 않는 어린 아이가 처음으로 인간의 언어가 존재한다는 사실을 발견한 그날의 행복을 기억할 수밖에 없을 것이다. "그 엄청난 날의 끝자락에 나는 요람 안에 누워서 그 날이 나에게 준 기쁨을 되새기며 인생 처음으로 다음 날이 오기를 바랐다. 그리고 그 순간만큼은 나보다 행복한 사람을 찾을 수 없었을 것이다."라고 헬렌 켈러는 말한다.

헬렌 켈러가 스무살이었을 때, 그녀의 교육수준은 상당히 향상되어 래드클리프 대학교에 입학했고 설리반 선생님 역시 그녀를 따라갔다. 그 때 즈음 헬렌 켈러는 여느 대학생들과 다름없이 읽고 쓸 수 있었음은 물론, 말하는 힘 역시 되찾았다. 그녀가 처음으로 말하는 법을 배운 문장은 "나는 더이상 벙어리가 아니다" 였다. 헬렌 켈러는 그 기적에 너무나도 흥분했고 마냥 행복에 겨워서 "나는 더이상 벙어리가 아니다"라는 문장을 반복해서 말하고 또 말했다.

그녀는 이제 고작 약간 외국인의 말씨가 있는 것처럼 유려하게 말할 수 있다. 그리고 점자로 타자가 쳐지는 타자기로 책과 잡지 기사를 쓴다. 그리고 수정을 하고 싶으면 머리핀으로 작은 구멍들을 만들어 여백에 수정할 내용을 적는다.

나는 헬렌 켈러가 걸어 다닐 때 종종 혼잣말을 하는 것을 알아챘다. 하지만 그녀는 나나 이 글을 읽는 당신이 그렇듯이 입술을 움직여 말하지는 않는다. 손을 움직여가며 수화로 자기자신에게 말하는 것이다. 그의 비서가 말하길 켈러 씨의 방향감각은 우리 누구와도 나을 것이 없다고 했다. 그녀는 종종 자기 집으로 가는 길을 잃기도 하고 집안의 가구를 옮기면 완전히 갈팡질팡한다고 한다. 많은 사람들이 그녀는 눈이 보이지 않기 때문에 특별한 제6의 감각이라도 있을 것처럼 여기지만, 과학적 시험에서 촉각이나 미각, 후각 그 어느 것도 다른 누구와도 크게 다를 바 없음이 증명되었다.

하지만 헬렌 켈러의 촉각은 매우 정확하여 손을 입술 위에 살짝 대고 있는 것으로 그의 친구가 무슨 말을 하고 있는지도 이해할 수 있고, 피아노나 바이올린의 몸체에 두 손을 올리고 있는 것으로 음악을 즐기기도 한다. 그녀는 심지어 캐비넷에 전해지는 진동을 느끼는 것으로 라디오를 듣기도 한다. 헬렌 켈러 자신은 노래를 부르거나 정확한 음을 낼 수는 없지만 노래를 부르는 사람의 목에 손가락을 가볍게 올려놓는 것으로 노래를 즐기기도 한다.

만약 헬렌 켈러와 악수를 한 번하고 5년 후 다시 악수를 한 다면 그녀는 그 악수로써 당신을 기억할 수 있다. 당신이 기분이 나쁜지 좋은지, 실망했는지 기뻤는지도 말이다.

헬렌 켈러는 노를 저을 수 있고 수영도 하며 말을 타고 나무 사이를 달리는 것도 좋아한다. 그녀는 자기자신을 위해 특별히 만들어진 세트로 체커와 체스를 즐긴다. 그는 오돌토돌하게 올라온 그림이 있는 카드로 솔리테르를 하기도 한다. 그리고 비오는 날에는 종종 뜨개질을 하거나 코바느질을 하기도 한다.

대부분의 사람들은 눈이 머는 것이 가장 끔찍한 고통이라고 생각한다. 하지만 헬렌 켈러는 눈이 머는 것은 귀가 머는 것보다 낫다고 한다. 나를 다른 사람들과 단절시키는 온전한 어둠과 고요 속에서 자신이 지금도 가장 그리워하는 것은 익숙한 소리인 사람의 목소리이기 때문이다.

뉴욕의 가장 희한한 부자 가족

뉴욕에서 가장 화제가 된 집은 5번가와 39번가의 모퉁이에서 있었다. 20년 동안 그것은 "미스테리한 집"이라고 불렸다. 탐정 소설, 신문 기사, 연극, 그리고 심지어 영화까지도 이 암울한 벽돌 담장에 관해 만들어졌다. 5만 명의 사람들이 수년 동안 매일 못박힌 현관문을 지나다녔지만 닫힌 창문 뒤에서 생명의 흔적을 본 사람은 거의 없었다.

만약 당신이 관광버스를 타고 5번가를 지나간 적이 있다면, 아마도 웬델 하우스는 100만 달러 짜리 땅에 유일하게 푸들 강아지가 놀 장소를 확보하기 위해 마당이 관리되었던 집으로 안내 받았을 것이다.

웬델가는 뉴욕에서 가장 부유한 가문 중에 하나였다. 그들의 부동산 시세는 한 때 10억 달러에 추산되기도 했다.

그러나 그들은 과거의 것에 묶여있기를 좋아했다. 에이브러햄 링컨이 일리노이에서 아직 알려지지 않은 변호사였을 때 지어진 집에 총각 형제와 그의 자매들은 살고 있었다. 나는 그 집이 파괴되고 있을 때 그 집을 지나간 적이 있는데, 그 때 일꾼들이 아연 목욕과 대리석 세면대를 꺼내오고 있는 것을 보았다. 그것은 노예제도가 있던 시대부터 사용되어 온 것들이었다.

웬델가는 전기보다 눈에 편하다고 믿었기 때문에 전기등 대신 가스등을 사용했다. 그들은 라디오, 음식 운반용 소형 승강기, 엘리베이터, 그리고 자동차도 사용하지 않았다. 그 집에서 그나마 유일하게 개선된 것은 전화기였다. 그리고 그것은 간호사가 의사를 부를 수 있도록 웬델가의 마지막 사람이 죽기 이틀 전에 설치되었다.

웬델 하우스의 평가액은 겨우 6천 달러였다. 그럼에도 변호사들은 종종 그 가족에게 그들이 6천 달러 짜리 집에서 살기 위해서 하루에 1천 달러씩은 쓰고 있다고 알려줬다. 그것은 사실이었다. 왜냐하면 그 집이 서 있던 땅의 가치는 거의 4백만 달러였고, 그 금액에 평가액과 세금을 더한 이자는 하루에 약 1,000달러에 달했기 때문이다.

하지만 이 모든 부를 가지고도 웬델 가족은 과거에서 살았다.

존 고틀립 웬델은 1914년에 죽었다. 그가 사망할 때까지, 그는 남북전쟁 (1865년) 말에 구입한 양복에서 그의 모든 옷을 그대로 베껴 입었다. 그 양복은 40년 전에 배달된 것과 같은 상자에 보관되어 있었고, 그는 그것을 한 번에 18벌씩 만들었다. 그는 염색된 어떤 직물도 입지 않았다. 그래서 그가 검은 수트를 원할 때, 그는 스코틀랜드의 한 회사에서 양털을 얻었는데, 그 회사는 그에게 특별히 검은 양털로 깎은 양털을 공급했다.

그는 비가 오나 해가 뜨나, 계절에 상관없이 항상 우산을 들고 다녔다.

그는 말그대로 다 뜯어 헤질 때까지 몇 년 내내 쓰는 밀짚모자를 하나 가지고 있었는데, 매 시즌이 시작될 때마다 그 밀짚모자를 밝고, 새롭고, 빛나는 검은색으로 칠했다.

그는 친구들을 점심 식사에 초대할 때는 항상 라틴어로 초대장을 썼다.

그는 모든 정체불명의 질병은 발로 전염된다고 믿었다. 그래서 그는 땅 속의 세균으로부터 그를 보호하기 위해 1인치 두께의 나무 수지로 만든 밑창이 있는 신발만 신었다.

그가 한창일 때, 존 고틀립 웬델은 뉴욕에서 제일가는 1인 땅부자였다. 그는 단지 자기 땅을 지키고 있으면서 주변에 도시가 자라는 것으로 부자가 된 것이다.

웬델 자매는 술을 끔찍히도 싫어했다. 심지어는 그들은 건물에 사용될 구급상자와 약장에 알코올이 1파인트 이상 들어 있지 않을 것이라는 약속을 받을 때까지 백만 달러짜리 임대계약을 거절한 적이 있다. 그럼에도 불구하고 그들이 죽은 후에 그들의 찬장에서 만 달러 어치 가치가 있는 희귀한 와인과 위스키, 샴페인이 발견되었다. 그 술들은 안 마신 채로 방치되어 수백 병의 술이 식초가 된 상태였다.

존 고틀립 웬델은 자매가 7명 있었다. 그리고 그는 그가 할 수 있는 모든 방법을 동원해서 그들이 결혼을 하지 못하도록 만들었다. 그는 만약 그들이 결혼해서 자녀가 생기면 땅이 분산될까봐 두려워 했던 것이다. 그래서 그는 자신의 자매들에게 모든 남자는 그들의 돈만 노리고 있다고 주의를 주고, 구혼자가 그들에게 전화를 걸면 솔직히 다시는 전화하지 말라고 대답했다고 한다.

그 자매 중 단 한명 레베카만 결혼에 성공했다. 하지만 그녀는 60살이 될 때까지는 독신이었다. 다른 자매들은 황량한 노년 속으로 사라졌고 동반자 없이 죽었다. 그들의 낭비된 삶에 대한 이야기는 그 자체로 얼마나 돈이 많아도 그것이 별 의미가 없는지 보여주는 딱한 예이다.

자매들 중 가장 기백이 넘쳤던 조지아나는 가족의 속박에서 벗어나기 위해서 끊임없이 싸우다 피해망상증에 걸려 병원으로 보내져야 했다. 20년 동안 그녀는 정신병원에 갇혀 있었고, 1930년 그녀가 사망한 때에는 그녀의 친구들은 그녀가 이미 몇 년 전에 죽었다고 생각하고 있었다. 그녀에게는 5백만 달러의 재산이 있었지만 그것은 그녀에게 5센트 어치의 행복도 주지 못했다.

다른 자매인 조세핀은 웬델의 시골집에서 아무도 없이 시종들로만 둘러 쌓여 살았다. 그녀의 삶에 있어서 안타까운 점은 그녀가 자신은 소란스럽고 행복한 자녀들로 가득한 집에 살면서 그들과 이야기하고 놀고 있다고 상상하며 살았다는 점이다. 그녀는 사람들이 그녀를 보러 오는 것을 상상했고, 그녀는 하인들에게 저녁 식탁에 여섯 개의 자리를 마련하도록 하곤 했다. 각 코스가 제공될 때마다, 그녀는 차례대로 모든 손님인 척하면서 자리를 바꾸곤 했다.

하나 씩 자매들이 죽을 때 마다 그들이 살았던 방은 문이 잠기고 덧문을 달아 폐쇄됐다. 마침내 엘라 웬델은 그녀의 침실, 아래층의 식당, 그리고 그녀와 자매들이 외로운 학창시절을 보낸 위층의 큰 빈 방만 열어두었다. 몇 년 동안, 그녀는 몇 명의 충실한 늙은 하인들과 그녀의 프랑스 푸들 개인 토비와 함께 그 으스스하고 40개의 방이 있는 집에서 혼자 살았다.

토비는 엘라의 방에서 그의 주인과 똑같이 4개의 기둥이 있는 침대에서 잤다. 그리고 토비는 벨벳 천으로 덮인 특별한 황동 테이블의 식당에서 개 비스킷과 돼지고기 스테이크를 먹었다.

엘라 웬델이 죽었을 때, 그녀는 수백 달러를 감리교 교회의 선교활동을 위해 남겼다. 하지만 그녀 자신은 거의 교회에 나가지 않았다.

그녀는 평생 자신에게는 이 세상에 아무도 살아있는 친척은 없다고 믿으며 죽었다. 하지만 그녀가 죽은지 1년이 채 되지 않은 시간 안에 2300명의 친척이라는 사람들이 마치 비온 뒤 자라나는 버섯들처럼 전세계에서 나타났다.

테네시 주에서만 290명이 나타나 그녀의 3500만 달러 짜리 땅의 지분을 얻고자 나타났다. 독일 영사관은 400명의 독일 출신 웬델가를 대신하여 포괄적인 청구권을 제출했고, 체코슬로바키아에서는 너무 많은 상속인이 나와 외무부를 통해 일을 처리해야 했다.

두 사람은 서로 다른 두 번의 비밀 결혼을 통해 존 웬델의 자녀라고 주장했고, 그들 중 한 명은 결혼 증명서와 유언장을 위조한 죄목으로 복역했다.

존 고틀립 웬델은 유언장을 쓴 적이 없다. 그는 "내 재산으로 변호사들 배를 불릴 생각은 없다"고 말했던 것이다. 그런데 이 사태를 보라. 재산이 모두 정산되기 전에, 한 명의 변호 사뿐만 아니라 250명의 변호사들이 웬델의 백만 달러를 위한 골드러시에서 수수료를 모았다.

천명의 프로포즈를 거절하고
날뛰는 말에 올라타다

내가 만나본 여성 중 가장 훌륭한 이 여성은 천명에게 프로포즈를 받았다. 그녀는 억만장자에서부터 어부, 농부 그리고 무일푼까지 많은 남성들의 프로포즈를 전부 거절했다. 유럽에서 가장 유명한 왕족 중에 한 왕자 또한 그녀를 수개월간 쫓아다니며 결혼해주기를 간청했다. 그녀가 70살이 되었을때에도 여전히 너무나 많은 청혼편지를 받아서 그녀의 비서는 그것들을 자신의 고용주에게 보여주지도 않을 정도였다.

그녀의 이름은 에반젤린 부스로, 1939년 은퇴하기 전까지 그녀는 3만명의 일꾼이 포진되어 있고, 86개국의 굶주린 사람들을 도우며 80가지의 언어로 사랑을 퍼트린 가장 위대한 군대인 구세군의 수장으로서 지냈다.

나는 에발젤린 부스를 만나고 놀라지 않을 수 없었다. 누군가의 할머니가 됐을 법한 노년의 나이에도 불구하고 그녀의 검붉은 머리는 이제야 겨우 몇가닥의 회색빛을 보이고 있었다. 그리고 그녀는 생기와 열정으로 빛나고 있었다. 사람들은 마흔살에야 인생이 시작한다고들 하지만 그녀는 그와 상관 없는 것 같아 보였다.

두 어른 남성이 잡고있어야 할 정도로 거칠고 날뛰는 말에 타고 있는 그녀를 보게되면 당신은 인생이 일흔에 시작된다는 말을 믿게될 것이다. 이전 주인이 타는것을 무서워해서 에반젤린은 그 말을 싸게 주고샀다. 골든 하트라는 이름의 이 말은 그녀가 올라서 "손 떼!" 라고 외쳤고, 그 거친 말은 그녀가 진정시킬때까지 사방팔방 날뛰었다.

그녀는 매일 아침마다 한시간씩 말을 탔는데 때때로 한손으로는 고삐를 잡고 다른 손으로는 연설문을 들고서 숲속을 내달리며 연설을 준비하기도 했다.

매 여름 미국을 방문할때면 조지 호수에서 잭나이프, 터틀

백, 스완다이브 같은 화려한 기술의 다이빙을 하기도 했다. 그리고 그녀가 63세였을 때 4시간만에 조지 호수를 헤엄 쳐 건넜다.

그녀는 침대 옆에 종이를 두고 종종 한밤중에 일어나면 한 가득 메모를 적었다. 어느날 그녀는 잠에 들지 못하고 새벽 3시에 일어나 노래와 가사를 적었다.

에반젤린은 그녀에게 있어서 가장 스릴 넘쳤던 경험은 유콘에서 골드러쉬 동안이라고 말했다. 여러분은 20세기가 되기 직전, 알래스카에서 금이 발견됐다는 뉴스로 미국 전역이 흥분했다는 사실을 알것이다. 많은 사람들은 북쪽으로 급히 향했고 에반젤린은 그곳에 구세군이 필요하다는 사실을 알았다. 그래서 그녀는 여러명의 훈련된 간호사 그리고 서너명의 조수와 함께 유콘으로 향했다.

그녀가 스캐그웨이에 도착했을때 달걀은 개당 25센트, 버터는 파운드당 3달러의 가격에 팔리고 있었다.

어떤 사람들은 굶주리고 모든 사람들이 총을 들고 다녔다. 그리고 그곳에서 그녀는 모든 사람들이 유콘의 한 지역인 클론다이크의 살인자이자 유콘의 딜린져, '소피 스미스'에 대해 얘기하는것을 들었다. '소피' 스미스와 그의 무리는 금광에서 광부들이 나오는 것을 기다렸다가 아무 예고없이 그들을 죽이고 금가루를 빼앗았다. 미국정부는 그를 해치우기위해 무장한 부대를 보냈지만 '소피' 스미스는 그들을 모두 쏘고 도망쳤다.

스캐그웨이는 거친 동네였다. 에반젤린 부스가 도착한 날만 해도 5명이 살해 당했을 정도였다.

그날 밤, 그녀는 유콘 강둑에서 모임을 열어 2만 5천 명의 외로운 남자들에게 설교를 했다. 그리고 그들이 오래 전에 그들의 어머니가 부르던 노래, 예를 들자면 '예수님, 내 영혼의 동반자'나 '더 가까운 나의 하나님', 혹은 '홈 스위트 홈' 같은 것들을 부르게 했다.

북극의 밤은 춥고 거칠고 추위가 살을 에어 들어갔다. 그래서 그녀가 노래를 하고 있을 때 한 남자가 다가와 그녀 어깨에 담요를 둘러 주었다.

이 광대한 군중은 새벽 1시까지 노래를 불렀고, 에반젤린 부스와 그녀의 도우미들은 소나무 아래 땅 위에서 잠을 자기 위해 숲으로 들어갔다. 그들은 불을 피웠고 따뜻한 코코아를 만들고 있었다. 그 때 다섯 명의 남자들이 총을 들고 그들에게 다가왔다. 그들이 말소리가 들릴만한 거리에 이르렀을 때, 그들의 우두머리는 모자를 벗고 이렇게 말했다. "저는 '소피' 스미스입니다. 저는 당신의 노래가 얼마나 좋았는지 말씀드리려고 왔습니다." 그리고 그는 덧붙였다. "당신이 노래하는 동안 담요를 보내준 사람은 바로 저였습니다. 갖고 싶으면 가지세요." 담요는 지금은 별로 대단한 선물처럼 들리지 않지만, 그것은 사람들이 추위와 습기로 죽어가는 상황에서는 매우 소중한 선물이었다.

에반젤린은 자신이 스캐그웨이에 있는 동안 위험할 수 있는지 물었다. 그러자 '소피' 스미스는 "제가 있는 동안은 그럴 일 없을 겁니다. 제가 보호해 드리죠."라고 대답했다.

그녀는 그 남자와 한 밤의 백야 아래서 세시간 동안 이야기를 나눴다. 그녀는 말했다. "저는 생명을 살리고 있고 당신은 그것을 죽이고 있죠. 이건 옳지 않아요. 당신은 절대 이길 수 없습니다. 언젠가 당신은 죽임을 당할거예요." 그리고 그녀는 그에게 그의 유년기와 어머니에 대해서 물었다. 그러자 그는 자신도 어렸을 때 할머니와 함께 구세군 모임에 가서 노래를 부르며 손뼉을 치곤 했다는 말을 했다. 그리고 할머니가 죽어 가고 있을 때, 당신은 그에게 구세군에서 함께 배운 노래를 해 달라고 부탁했다고 고백했다. 그 노래는 다음과 같다.

> 내 심장은 이제 눈보다 하얗구나.
> 예수님이 여기 함께 하시기에.
> 나는 알지, 내 많고 많은 죄가
> 용서 받았고, 내 이름은 죄에서 씻기었네.

부스 씨는 스미스에게 같이 무릎을 꿇자고 제안했다. 그리하여 구세군의 한 사람과 '소피' 스미스, 북쪽을 불안에 떨게 한 가장 악명높은 악당'은 북쪽의 전나무 아래에서 함께 무릎을 꿇고 기도를 하다가 눈물을 흘렸다. '소피'의 얼굴을 눈물이 타고 흐르며 그는 에반젤린에게 이제 자신은 사람을 더 이상 죽이지도 않을 것이고 자수를 하겠다고 약속했다. 그러자 부스 씨는 자신이 정부에 가진 모든 영향력을 다해서 그가 가벼운 형을 받을 수 있도록 해 주겠다고 약속했다. 새벽 4시에 '소피' 스미스는 그 자리를 떠났다.

그리고 아침 9시, 갓 구운 빵과 잼 타틀렛, 그리고 그 동네에서는 값을 매길 수 없이 귀중한 버터 1파운드를 가지고 스미스의 부하들 중 한 명이 그녀에게 찾아왔다. 그는 총으로 사람들을 겁박한 후 밀가루와 버터를 훔쳤던 것이다. 그리고 스캐그웨이의 한 나쁜 여자는 사랑과 순수와 용서를 설교하기 위해 알래스카에 온 착한 여자를 위해 빵과 잼 타틀렛을 굽는 특권을 요청했던 것이다.

이틀 후, 누군가가 '소피' 스미스를 총으로 쏴 죽였다. 그리고 스캐그웨이는 총을 쏜 사람을 위해 기념물을 세웠다.

에반젤린 부스는 내가 만난 많은 사람들 중 가장 행복한 사람이었다. 그녀는 다른 사람을 위해 살았기 때문에 행복했던 것이다. 그녀는 자신의 인생에서 가장 깊은 열정은 만나는 모든 사람들, 식당 종업원에서부터 열차 짐꾼까, 그 모든 이들을 조금 더 낫게 만들고 싶은 욕망이라고 말했다. 왜냐하면 그녀가 그렇게 살았기 때문이다.

- 바실 자하로프 -

어쩌면 당신이 아는 사람이 죽은 데
책임이 있을 지도 모르는 베일에 쌓인 남자

자하로프-그것은 가장 부유하고, 가장 의문에 쌓여있고, 지구상에서 가장 가혹하게 비난을 받은 사람들 중 한 명의 이름이었다. 그를 죽일 사람에게는 10만 달러의 보상이 제공되었다. 많은 책들이 그에 대해 쓰여졌다. 그는 국제적인 의심과 국가적인 증오의 가장 놀라운 현상들 중 하나였다.

지독한 가난 속에서 태어난 바질 자하로프는 지구상에서 가장 큰 부를 축적할 때까지 살았다. 그리고 이는 기관총, 대포, 고폭약을 판매함으로써 해냈다. 그의 전기 중 하나는 다음과 같은 말로 시작했다. "백만 명의 사람들의 묘비는 그의 기념비가 될 것이고, 그들의 죽어가는 신음은 그의 비문이 될 것이다."

자하로프가 28세가 되었을 때, 그는 일주일에 25달러를 받으며 탄약을 파는 직업을 얻었고 여기서 수수료를 받았다. 그는 그 당시 그리스에 살고 있었다. 그는 총을 파는 유일한 방법이 총에 대한 수요를 창출하는 것이라는 것을 알았다. 그래서 그는 그리스인들의 두려움을 부추겼고, 그들에게 그들은 피에 굶주린 적들에게 둘러싸여 있고, 그들의 조국을 지키기 위해 총을 사야 한다고 말했다. 그것은 반세기 이상 전의 일이다. 흥분의 물결이 온 나라를 휩쓸었다. 군악대들이 연주했다. 깃발이 흔들렸다. 웅변가들은 군중들에게 웅변을 늘어놓았고, 그리스는 군대를 늘려 자하로프로부터 총을 구입했고, 또한 최초의 전쟁 잠수함 중 하나인 잠수함도 구입했다.

그 일로 수백만 달러를 챙긴 자하로프는 튀르키예로 달려가 튀르키예인들에게 말하기 시작했다. "저들이 하는 짓을 보시오. 여러분들을 지구 상에서 싹 쓸어 없애 버리기 위해 준비하고 있지 않소." 그래서 튀르키예는 잠수함 2척을 샀다. 군비 경쟁이 시작되었다. 그리고 자하로프는 피에 흠뻑 젖은 3억 달러를 벌게 될 운명의 직업에 착수했다.

반세기 이상 동안 자하로프는 오래된 적들을 무장시키고 전쟁을 조장하면서 국가적 공포로 부를 축적했다. 러일 전쟁 중에 그는 양측에 탄약을 팔았다. 스페인-미국 전쟁 동안 그는 미군을 죽인 총알을 팔았다. 제1차 세계 대전 동안 그는 독일, 영국, 프랑스, 이탈리아의 군수 공장의 주식을 소유했다. 그리하여 그의 부는 끊임없이 늘어나며 상상을 초월하는 속도로 치솟았다.

반세기 동안 그는 극비리에 움직임을 감추며 고양이 같이 살금살금 유럽의 군청들 사이를 몰래 드나들었다.

그는 자신과 꼭 닮은 두 남자를 고용했다고 한다. 그들의 유일한 임무는 그가 실제로 다른 도시로 비밀 임무를 수행하고 있을 때 신문들이 그를 베를린이나 몬테카를로에서 보도할 수 있도록 대중 앞에 나타나는 것이었다. 그는 한번도 의욕적으로 사진에 찍히려고 한 적이 없다. 그는 결코 인터뷰를 허락하지 않았고, 변호도 하지 않았고, 설명도 하지 않았으며, 반격도 하지 않고, 그에게 쏟아진 통렬한 비난에도 대답하지 않았다.

그가 아직 잘생기고, 키가 크고, 훤칠했던 26살 때, 그는 17

살의 어떤 어린 여자에게 사랑에 빠졌다. 하지만 불행하게도 그녀는 이미 그녀의 나이보다 두 배나 많고 반쯤 미쳐있던 스페인 공작과 결혼한 상태였다. 그녀의 종교적 신념 때문에 이혼은 불가능했다. 그래서 자하로프는 그녀를 기다렸다. 약 50년 동안이나 그녀를 마음 속으로만 사랑하며 기다렸다. 마침내 1923년 그녀의 남편은 정신병동에서 사망했다. 그리고 1924년 그녀는 자하로프와 결혼했다. 그녀는 그 때 당시 65세였고, 그는 74세였다. 그리고 2년 후 그녀 역시 사망했다. 그녀는 48년 동안 그의 연인이었으며 18개월 동안 그의 부인이었다.

죽기 전까지 자하로프는 프랑스 파리 근교에 있는 근사한 성에서 여름을 보냈다. 하지만 그는 저 먼 튀르키예의 창문도 없는 흙으로 된 집에서 태어났다. 어렸을 때 자하로프는 흙바닥에서 잤고, 발에 천조각을 동여 매 발을 따뜻하게 유지하곤 했다. 그리고 그는 자주 배가 고팠다.

그는 학교를 5년밖에 다니지 않았지만 14개 국어를 구사했고, 옥스퍼드 대학교는 그에게 민법 박사라는 칭호를 수여했다.

그가 런던에 처음 나타났을 때, 그는 절도죄로 수감되었다. 30년 후, 그는 영국 왕에 의해 기사 작위를 받았다.

1909년 여름 어느날, 미스터리한 이 남자는 파리의 유명한 동물원을 걷고 있었다. 거기서 그는 동물원의 원숭이들의 건강상태가 엉망이고 이들이 굶주리고 있다는 것을 발견했다. 그리고 동물원에서 가장 유명한 사자가 류머티즘을 앓고 있는 것을 보고 놀랐다. 그곳의 모든 것이 엉망이었다. 그래서 자하로프는 매니저를 불러 날카롭게 꾸짖었다. 그는 자신이 세상에서 가장 부유한 사람 중 한 명과 이야기하고 있다는 것을 깨닫지 못했기 때문에 동물들을 제대로 돌보는 데 필요한 50만 프랑이 없다고 다소 신랄하게 대답했다. 자하로프가 말하길, "그래요, 그게 필요한 전부라면, 바로 여기 있습니다." 총알로 100만명의 사람들을 죽인 이 남자는 어떤 동물들을 돌보기 위해 10만 달러의 수표를 썼다. 그 매니저는 서명을 해독할 수 없었기 때문에 낯선 사람이 그를 속이려 한다고 생각했다. 그래서 그는 수표를 다른 서류 더미 위에 던져 놓고는 그것에 대해 모두 잊어버리고 있었다. 몇 달 후, 그는 그것을 친구에게 보여주었고 그것이 진짜라는 것과 프랑스에서 가장 부유한 사람에 의해 서명되었다는 것을 알고 놀랐다.

자하로프는 85세에 고독하고 비극적인 상태에서 건강이 악화되어 사망했다. 한 하인이 그가 탄 휠체어를 밀었고, 그의 주된 관심은 사랑스러운 장미 정원인 것 같았다. 그는 반세기 동안 일기를 써왔고, 그것은 53권의 책을 채웠다. 그리고 그가 죽을 때 그 모든 비밀 기록들을 없애라고 명령했다는 소문이 있다.

- 빌리 선데이 -
백만 명의 영혼을
갱생의 길을 따라 구원으로 이끈 야구 선수

아마도 역사상 가장 인기있었던 선교사는 전직 알콜중독자이자 전직 야구선수였던 빌리 선데이일 것이다.

8천만명이 그의 죄와 구원에 대한 거칠고 떠들썩한 메시지를 듣기 위해 모였다.

악마를 비난한 35년 동안, 그가 가장 자랑스러워 했던 것은 백만 명 이상의 영혼을 빛을 향한 갱생의 길로 이끌었다는 것과, 그 자신이 금주령이 생기게 한 강력한 영향력이었을 것이라는 것이었다.

나는 빌리 선데이를 여러 번 보았다. 그는 분노 그 자체였고, 인간의 옷을 입은 엔진 그 자체였다. 나는 그가 가슴을 치고, 자신의 코트와 옷깃과 넥타이를 뜯어 내고, 의자에 뛰어올라 한 발로 강단에 서서 야구 선수가 홈 베이스로 미끄러져 들어가는 흉내를 내며 바닥에 몸을 던지는 것을 보았다. 아무도 빌리 선데이의 말을 들으며 잠들지 않았다. 그의 설교는 서커스처럼 재미있었다. 그는 체력 단련사를 데리고 다닐 정도로 온몸을 바쳐 설교했고, 하루도 훈련과 훈련 후 마사지를 거른 적이 없었다.

그는 피츠버그에서 8주 동안 설교를 했고 신문들은 매일 그와의 만남을 대대적으로 보도했다. 피츠버그 도시 전체가 흥분했다. 대형 백화점들은 직원들을 대거 보내 그의 연설을 듣도록 했다. 공장 여공들은 군중 속에서 정오 회의에 참석했다. 어느 날, 열 명의 경찰관이 15000명의 청중 앞에 나서서 자신은 주님의 편이라고 선언했다.

여느 복음주의자와 달리 빌리 선데이는 주로 남성들에게 더 인기가 많았다. 그는 이렇게 말하고는 했다. "나는 시골뜨기 중에서도 시골뜨기입니다. 농장의 냄새가 아직 저한테는 배어 있어요. 저는 거위 기름으로 머리를 손질하고 아궁이 검댕

이로 신발에 칠을 했습니다. 코는 마대자루로 만든 수건으로 닦았고요. 종지에 커피를 담아 마시고 나이프로 밥을 먹었습니다. 저는 "됐다"고 말해야 할 때, "됐다"라고 말하는 식으로 문법에 하나도 맞지 않게 말하고 다녔습니다. 그런데도 전 제가 천국에 갈 수 있을 거라고 기대했죠."

그는 아이오와의 통나무집에서 태어나 고아원에서 자랐다. 그는 15살 때 학교의 청소부로 취직했다. 이 일에서 그는 한 달에 25달러를 받았고, 이를 통해 그는 교육을 받을 기회를 얻었다. 그가 해야 할 일은 새벽 두 시에 일어나 열네 개의 난로에 쓸 석탄을 나르고, 열네 개의 불을 모두 낮 동안 계속 피워 놓고, 바닥을 쓸고 윤을 낸 다음, 공부를 병행하는 것뿐이었다.

그의 첫 번째 진짜 직업은 아이오와주 마셜타운에 있는 장의사의 조수였다. 그는 이 직업을 유지하는 동안 야구 선수로서 이름을 날리기 시작했다.

그는 야구장의 베이스를 너무나도 빨리 달릴 수 있어서 시카고 화이트삭스의 감독 팝 앤슨이 그를 부를 정도 였다. 그리고 빌리 선데이는 21살이 되기 전에 빅 리그에서 스타 선수가 되었다. 선데이는 말하고는 했다. "저는 그 베이스들을 14초 만에 다 돌 수 있었는데, 이것은 아무도 아직 깨지 못한 기록입니다."

그가 장의사 보조자리를 떠난 지 5년 후 그에게 깨달음이 왔고, 그 후로부터 그는 술꾼 야구 선수에서 존 웨슬리 시대 이래로 가장 사람을 최면에 잘 걸리게 하는 설교자 중 한 명이 되었다.

빌리 선데이가 직접 한 말을 빌리자면 그에게 일어난 일은 다음과 같다.

"1887년 어느날, 나는 다른 유명한 야구 선수들과 함께 시카고의 어느 길을 걸어 가고 있었습니다. 우리는 술집에 들어갔죠. 때는 일요일 오후였고 우리는 술에 취해 구석으로 가서 앉았습니다. 길 건너편에는 남녀 일행이 악기를 연주하고 있었습니다. 호른, 플루트, 슬라이드 트롬본 같은 것들 말입니다. 그리고 다른 사람들은 아이오와의 통나무집에서 어머니가 부르곤 하셨던 복음성가를 부르고 있었습니다. 저는 흐느끼고 흐느꼈습니다. 그러자 한 젊은이가 나서서 제게 말했습니다. '우리는 퍼시픽 가든 선교단으로 가는 길입니다. 우리와 함께 선교단으로 오지 않겠습니까? 아마 당신 마음에 꼭 들 거에요. 당신은 술주정뱅이들이 어떻게 구원 받았는지, 소녀들이 어떻게 홍등가에서부터 구원받았는지 말하는 것을 들을 수 있을 겁니다.'

저는 그 자리에서 일어나 제 친구들에게 말했습니다. '난 할 만큼 한 것 같다. 이제는 예수님께로 갈 거야. 우리가 헤어져야 할 때가 온 것 같네.' 그리고 저는 그들로부터 등을 돌렸습니다. 몇몇은 웃었고 몇몇은 비웃었습니다. 하지만 그 중 하나는 저를 격려했지요."

이가 그 자신의 개종 과정에 대해 이야기한 방식이다.

회의론자들과 비웃는 사람들은 빌리 선데이가 단지 돈을 위해 종교에 대한 갈급을 이용한다고 비난하곤 했다. 하지만 사실 그는 한 달에 83달러를 받고 Y.M.C.A.에서 일하기 위해 야구 선수로 한 달에 500달러씩 받던 월급을 포기했다. 때때로 그 83달러를 받기 위해서는 6개월이 걸릴 때도 있었다.

나는 1917년 빌리 선데이가 뉴욕에 왔을 때를 기억한다. 허드슨 강 위의 바빌론이라고 불리는 이 도시에서 그때 전후 만큼 온 동네가 종교에 대한 흥분감으로 광란상태에 빠진 것을 본 적이 없다. 그의 도래는 몇 달 전부터 신문에 대서특필되었다. 그가 오는 것에 준비해서 적어도 2만 회의 기도 모임이 이뤄졌다. 168번가와 브로드웨이에서 4백 명의 노동자들이 2만 명이 앉을 수 있는 이동식 예배소를 완성하기 위해 열심히 일했고, 저 유명한 갱생의 톱밥길을 만들기 위해서 트럭 4대에 가득히 실린 톱밥이 길 위로 뿌려졌다. 성가대 만을 위한 플랫폼에는 의자가 모두 2천 개가 놓였고, 각각 700명씩 교대로 일하는 2천 명의 안내자들은 믿음이 충실한 사람들을 자리로 안내하는 영광을 위해 자원한 사람들이었다.

뉴욕에 머무는 동안 빌리 선데이는 125만 명의 사람들에게 설교를 했고, 거의 10만 명의 죄인들이 나서서 그들의 악행을 포기했다.

- 테오도어 루즈벨트 -

가슴에 총을 맞아도 연설은 계속된다

1919년 1월 내가 평생 잊지 못할 사건이 발생했다. 나는 그 당시 군대에 있었고 롱아일랜드의 캠프 업턴에 주둔하고 있었다. 어느 날 오후, 한 분견대가 언덕을 행진하며 소총을 공중으로 들어올리고 경례의 소총 발사를 했다. 루즈벨트가 죽은 것이다! 루즈벨트, 미국에서 가장 큰 권력을 휘두른 인물로서는 가장 화려하고 훌륭했던 대통령! 그는 비교적 젊은 나이에 죽었다.

테디 루즈벨트가 한 거의 모든 일들은 특별했다. 예를 들어, 그는 안경 없이는 3미터 거리의 절친조차 알아볼 수 없을 정도로 근시였지만, 전문적인 소총 사격 선수가 되어 아프리카에서 돌격하는 사자들을 쓰러뜨린 적이 있다.

그는 역사상 가장 유명한 큰 짐승 사냥꾼이었다. 그러나 그는 결코 낚시를 하지 않았고, 새도 쏘지 않았다. 그가 아직 어렸을 때, 루즈벨트는 창백하고 병들어 천식으로 고통을 받았다. 그래서 그는 건강을 위해 서쪽으로 갔고, 카우보이가 되어 별들 아래서 잠에 들었다. 그 후 그는 마이크 도노반과 함께 권투를 할 정도로 훌륭한 체격을 길렀다. 그는 남아메리카의 황야를 탐험했고 융프라우와 마터호른과 같은 산을 올랐으며 치명적인 소총 사격에 직면하여 쿠바의 산후안 언덕을 강력하게 돌격했다.

루즈벨트는 자서전에서 말하길, 어린 아이였을 때 자신은 신경이 쇠약하고, 소심하며 다치는 것을 무서워했다고 한다. 그럼에도 불구하고 그는 손목, 팔, 코, 갈비뼈, 어깨를 다쳐가면서도 계속해서 도전 했다. 그가 다코타의 카우보이였을 때 그는 말에서 굴러 떨어져 뼈에 금이 갔는데, 다시 안장 위로 기어 올라가 계속해서 소들을 몰았다고 한다.

그는 무서워 죽을 것 같은 상황에서도 용기 있는 행동을 하면서 용기를 키웠다고 말한다. 그는 마침내 너무 용감해져서 포효하는 사자나 활활 타오르는 대포조차도 두려워하지 않게 되었다.

1912년 선거 운동 중에 반쯤 미친 사람이 루즈벨트가 연설을 하러 가는 도중에 그의 가슴에 총을 쐈다. 루즈벨트는 총알이 자신을 명중시켰다는 것을 아무에게도 알리지 않았다. 그는 바로 강당으로 가서 연설하기 시작했고 과다출혈로 거의 쓰러질 때까지 계속 말했다. 그리고 나서 그는 병원으로 급히 이송되었다.

그가 백악관에 있을 때, 그는 총알이 장전된 권총을 침대 머리맡에 두고 잤다. 그리고 산책을 나갈 때면 언제나 권총을 가지고 다녔다.

그가 대통령이었을 때, 그는 한 육군 장교와 권투를 한 적이 있다. 그 군인은 그의 왼쪽 눈을 정면으로 때렸는데, 그 때 혈관이 찢어져 그의 시력에 영구적인 부상을 입혔다. 루즈벨트는 그 젊은이가 자신에게 한 일을 눈치채지 않기를 원했다. 그래서 그 군인이 그에게 한 번 더 권투를 하자고 요청했을 때, 루즈벨트는 아니라고 말하면서 이제 권투를 하기에는 너무 늙은 것 같다고 대답했다. 몇 년 후, 그는 그쪽 눈의 시력을 완전히 잃었지만, 절대로 포병대장에게 무슨 일이 일어났는지 알리지 않았다.

그는 오이스터 만에 있는 자택에서 사용하는 모든 땔감을 직접 장작을 패서 만들었다. 그리고 농부들과 함께 건초를 모았는데, 그는 정원사들에게 나머지 일꾼들이 받는 것과 같은 임금을 받겠다고 했다.

루즈벨트는 담배도 피우지 않고, 욕도 하지 않았으며, 그가 술을 마시는 것이라고는 아주 가끔 밤에 마시는 밀크 셰이크에 브랜디 한 티스푼을 넣는 것 정도였다. 그는 이 밀크 셰이크에 브랜디가 들어간다는 사실도 그의 집사가 얘기해주기 전까지는 몰랐다. 그런데도 그는 술고래라는 이야기를 너무 많이 들어서 결국에는 그 소문을 멈추기 위해서 명예훼손 소송 이야기까지 꺼내야 했다.

그는 매우 바빴지만, 루즈벨트는 백악관에 있는 동안 수백 권의 책을 읽을 시간을 만들었다. 그의 일반적인 스케줄은 종종 오전 내내 일련의 5분 인터뷰로 꽉 차있었지만, 그는 방문자들 사이에 있는 몇 초의 여유 시간을 활용하기 위해 책을 항상 곁에 두었다.

그가 여행을 갈 때면 그는 대개 셰익스피어나 로비 번스의 포켓 에디션을 가지고 다녔다. 한번은 그가 다코타에서 소를 치고 있을 때, 그는 깜박이는 캠프파이어 옆에 앉아 카우보이들에게 〈햄릿〉 전체를 소리내어 읽어주었다. 브라질의 정글을 여행하는 동안, 그는 기번의 〈로마 제국의 쇠퇴와 몰락〉을 읽으며 저녁을 보냈다.

그는 음악을 좋아했지만, 그 자신은 완전 음치였다. 그는 혼자 일하는 동안 종종 찬송가인 '더 가까운 나의 하나님'을 부르려고 노력했다. 한번은 그가 서부 마을의 거리에서 말을 타고 환호하는 군중들에게 모자를 기울여 인사하는 내내, 그는 혼자서 '더 가까운 나의 하나님'을 계속 불렀다.

루즈벨트에게는 많은 취미가 있었다. 한번은 그가 백악관에 있을 때 워싱턴의 유명 신문기자에게 전화를 걸어 즉시 행정관저로 오라고 한 적이 있다. 그 요청에 흥분한 이 신문 기자는 대통령과 어떤 국정 문제에 대해 독점 인터뷰를 할 것이라고 상상했다. 그래서 그는 신문사에 전보를 쳐서 즉시 추가 기사를 쓸 준비를 하도록 했다.

그러나 그 기자가 백악관에 도착하자 루즈벨트는 정치에 대해서는 아무 말도 하지 않고 그를 백악관저 마당에 있는 빈 고목에 데려가서는 그가 발견한 어린 부엉이 새끼들이 있는 새 둥지를 보여줬다.

한때 서부를 통과하는 기차 여행에서, 그는 자신의 전용칸에서 한 무리의 간부들과 이야기를 나누고 있었다. 그 순간, 그는 한 농부가 모자를 벗은 채 선로 옆에 있는 옥수수밭에 서 있는 것을 보았다. 루즈벨트는 그 남자가 미국 대통령에게 경의를 표하고 있다는 것을 알았기 때문에 벌떡 일어나 뒤쪽 플랫폼으로 달려가 그의 모자를 격렬하게 흔들었다. 그는 정치적 보여주기식으로 그렇게 하지 않았다. 그는 마음속 깊이 사람들을 좋아했던 것이다.

루즈벨트의 말년에 그의 건강은 나빠지기 시작했고, 비록 그는 겨우 60세였지만, 그는 몇 번이나 자신이 늙어가고 있다고 말했다. 그는 옛 친구에게 편지를 써서 "너와 나는 언제라도 소총 구덩이에 닿을 수 있고, 언제라도 어둠 속으로 떨어질 수 있다"고 말했다.

1919년 1월 4일, 그는 자는 동안 평화롭게 죽었다. 그가 마지막으로 한 말은 "부디 불을 꺼주시오"였다.

- 우드로우 윌슨 -

역사에서 가장 대단한 기회를 얻었지만
사람들을 다룰 수 없어 실패한 대통령

진짜 우드로우 윌슨은 어떤 사람이었을까?

그는 어마어마한 천재라고도 불렸다. 그렇지만 그와 동시에 어마어마한 패자라고도 불렸다.

그는 세계 평화의 미래상인 국제 연맹을 그 비전의 제단에서 보았고, 그는 그의 생명력과 활력의 마지막 한 방울까지 바쳐, 마침내 그가 죽었을 때, 그는 자신의 이상에 의해 산산조각이 났다.

1919년 우드로 윌슨이 유럽으로 항해했을 때, 그는 시대의 구세주로 불렸다. 피범벅이던 유럽은 그를 신처럼 환영했다. 먹을 것도 없던 농민들은 그의 사진 앞에서 촛불을 켜고 마치 그가 성자인양 그에게 기도를 올렸다.

전세계가 그를 추앙했다. 그러나 아프고 지친 그가 자신의 나라로 3달 후 돌아 왔을 때 그는 이미 너무 많은 친구들과 멀어져 있었고 억명 가까이 되는 적을 만들었다.

역사는 그를 차갑고, 근엄하며, 인간미 없는 이상주의자 학교 선생님으로 그린다. 하지만 실제로 그는 이와 정반대였다. 윌스는 항상 사람과의 관계에 굶주려 있는 매우 인간적인 사람이었고, 너무 낯을 많이 가려서 사람들과 친하게 지내지 못하는 것을 인생에 걸쳐 슬퍼했다.

"내가 다른 사람이 될 수만 있다면 세상의 모든 것을 주었을 것입니다. 하지만 저를 새로 만들 수는 없었죠."라고 그는 말했다.

가끔씩 그는 좀 다른 모습을 보이기도 했다. 그가 웨슬리언 대학 교수였을 때, 그는 외야석에서 뛰어내려 미식 축구 경기에서 응원을 이끌었다. 그리고 그가 버뮤다에 있을 때, 그는 순수히 흑인 뱃사공들과 수다를 떠는 즐거움을 위해 배를 띄우고는 했다.

우드로 윌슨은 아마도 백악관에 살았던 사람들 중 가장 학자적인 사람이었지만, 그는 11살이 될 때까지는 까막눈이었다. 그리고 그가 휴식을 취할 때 가장 즐겨 읽던 책 장르는 추리소설이었다.

그는 예술에는 별로 관심이 없었다. 그는 종종 휘슬러의 에칭 판화를 살 것이면 차라리 싸구려 잡화점에서 살 수 있는 석판화를 사겠다고 말하곤 했다.

그리고 아카데미의 폐쇄적인 분위기에서 일생을 보낸 이 교양있는 교수는 솔직히 셰익스피어 연극보다 뮤지컬 코미디를 보고 싶다고 말했다. 그는 극장에는 자기계발을 위해서 가는 것이 아니라고 말했다. 그는 즐겁기 위해서 극장에 갔고, 백악관에 있을 당시에는 거의 매주 소가극을 보러 극장에 방문했다.

그는 인생의 대부분을 가난하게 보냈다. 교사일 때 월급은 너무나도 적어서 그의 부인은 그림을 그려 가족을 부양했다.

아직 젊은 교수일 때 우드로우 윌슨은 좋은 옷을 살 형편이 되지 않았다. 그래서 나중에도 그는 링컨 처럼 외모에 거의 신경을 쓰지 않았다. 예를 하나 들어보자면, 그가 대통령이 됐을 때, 백악관 집사는 윌슨에게 그의 오래된 예복을 재단사에게 보내 라펠을 새 공단으로 갈기를 부탁했지만, 우드로우 윌슨은 "신경 쓰지 말게. 아직 1년은 거뜬히 입을 수 있어."라고 대답했다고 한다.

또한 그는 링컨처럼, 윌슨은 음식에 대해서 무관심했다. 그는 그에게 주는 음식이라면 뭐든 먹었고, 종종 자신이 무엇을 먹는지 의식이 없는 것처럼 보였다.

그는 인생에 걸쳐서 딱 한 대의 여송연만 피웠는데, 사실 그 여송연도 한 대를 다 피우기 전에 구역질이 나서 다 피우지 못했다.

그의 유일한 사치는 아름다운 책들을 사는 일이었다.

우드로우 윌슨의 차가운 외관 안에는 빠르고 맹렬한 감정이 숨겨져 있었다. 그를 아는 사람들은 그가 루즈벨트보다 더 급한 성격을 지니고 있었다고 말한다.

그의 첫번째 부인에 대한 마음은 너무나도 깊고 애처러웠다. 그가 대통령이 된 후 한 첫 번째 행동 중 하나는 그의 아내에게 밍크 세트를 사주는 것이었다. 그녀가 1년 후에 사망했을 때, 그는 72시간 동안 그녀의 시신이 백악관을 떠나는 것을 허락하지 않았다. 그는 그녀의 시신을 소파에 눕혀 놓고 3박 3일 동안 그녀의 곁을 떠나지 않았다.

그는 지적 거인으로 여겨졌지만, 언어에 대한 통달력이 거의 없었고, 세계의 많은 위대한 문학에 익숙하지 않았으며, 과학에 무관심했고, 철학에 거의 관심이 없었다.

그는 변호사로 벌이를 시작했지만 법률계에서 그는 그다지 성공적이지 못했다. 그는 평생 단 한 번도 혼자 사건을 지휘한 적이 없었고, 오직 한 명의 의뢰인인 그의 어머니를 위해서 재산관리를 했다.

아마도 윌슨의 가장 큰 패인은 그의 요령 부족이었을 것이다. 어렸을 때부터 그의 일생의 야망은 정치가가 되는 것이었다. 그는 한 번에 몇 시간씩 자기 방에서 연설 연습을 했다.

그는 완벽하게 되기 위해 쓸데 없는 짓을 하기도 했는데 예를 들자면 적절한 제스처를 취하는 방법을 보여주는 차트를 벽에 붙여 놓기도 했었다. 그러나 그는 가장 중요한 것을 간과했다. 그는 사람을 다루는 법을 배운 적이 없었던 것이다. 그의 말년은 비극적인 우정의 파괴의 연속이었다. 그는 상원 지도자들과 싸웠다. 그는 하우스 대령과 같은 그의 가장 친한 친구들과도 헤어졌다. 마침내, 그는 그들에게 오직 민주당원들만 공직에 선출하도록 요청함으로써 그의 나라의 많은 사람들과 멀어지게 됐다.

상원이 국제 연맹을 받아들이는 것을 거부했을 때 윌슨은 사람들에게 직접 호소하고 다녔다. 그는 항상 병약하여 그의 의사들은 그에게 추가적인 부담을 주지 말라고 경고했다. 하지만 윌슨은 그 경고를 무시했다.

대통령 집권 말기에 세계를 뒤흔든 연설의 주인공인 이 지적 거인은 너무나도 미약해져 누가 손을 잡아 주지 않으면 자기 손으로 서명도 할 수 없을 정도가 되었다.

은퇴하고 난 뒤, 전세계에서 사람들이 워싱턴의 S 거리에 있는 그의 집을 그곳이 마치 성지인 마냥 방문했다. 그리고

그가 죽어갈 때, 순례자들은 그의 집 앞 보도에 무릎을 꿇고
그의 영혼을 위해 기도했다.

- 잭 런던 -

3개월 만에 고등학교를 졸업하고
18년 만에 51권의 책을 쓴 "터프 가이"

한 부랑자가 화물열차의 결합 막대를 타고 버팔로에 도착해 집집마다 음식을 구걸하기 시작했다. 경찰은 그를 부랑죄로 체포했고, 판사는 그에게 수감 중 30일간의 중노동형을 선고했다. 30일 동안 그는 돌을 깨부쉈고, 빵과 물 외에는 먹을 것이 없었다.

6년 후, 다시 말하지만 겨우 6년 후, 부랑자이자 놈팽이, 걸인이었던 이 사람은 미국 서부 해안 지역에서 사람들이 가장 찾아 헤매는 인물이 되었다. 캘리포니아의 주요 인물들이 그를 접대하고 소설가, 비평가, 그리고 편집장들은 그를 문학의 새 지평을 연 가장 눈부신 별로 그를 추앙했다.

그는 19살이 될 때까지 고등학교를 가지 않았지만 그가 마흔에 세상을 떴을 때 그는 51권의 책을 남기고 갔다.

그는 바로 〈야성이 부르는 소리〉를 쓴 잭 런던이다.

잭 런던이 〈야성이 부르는 소리〉를 쓴 1903년, 그는 하루아침에 유명인사가 되었다. 편집자들은 그의 글을 위해서 모여들었다. 하지만 그는 그 첫번째 히트작으로 아주 적은 돈밖에 못 벌었다. 출판사와 그 후 할리우드의 영화 제작자들은 그 소설로 백만 달러를 끌어 모았다. 하지만 잭 런던 본인은 정작 그 소설의 판권을 겨우 2천 달러에 팔았다.

당신이 책을 쓰고 싶다면 책을 쓰기 위한 첫번째 전제조건을 책을 쓸만한 건덕지가 있어야 한다는 것이다. 그것이 잭 런던의 눈부신 성공의 비밀이었다. 그는 수만개의 다채로운 경험을 그의 짧고 열정적인 삶에 압축시켜 넣었다. 그는 돛대를 책임지는 선원이었고, 부두에서 일을 했으며, 불법 굴잡이였고, 금광 채굴가였다. 그는 먼 북부 지역에서 물개잡이로도 일했다. 그는 지구의 반바퀴를 방랑하고는 자신의 방랑가로서의 경험에 대해서 책을 썼다.

그는 종종 먹을 것이 없어 굶주렸다. 그는 공원 벤치와 건초 더미와 화물차에서 잠을 잤다. 그는 종종 딱딱한 땅에서도 잠에 들었고, 때때로 잠에서 깨어나서는 물웅덩이에서 자고 있었던 것을 발견하곤 했다. 그는 가끔 너무 지쳐서 화물열차 밑에 타다가 잠이 들었다.

그는 미국에서만 수백번 체포되어 감옥에 갇혔고, 멕시코, 몽골, 한국, 일본에서도 감옥에 들어간 적이 있다.

잭 런던은 어린 시절 가난과 고난에 시달렸다. 그는 샌프란시스코 만을 따라 물가를 배회하는 불량배 무리와 함께 날뛰며 다녔다. 학교? 그는 학교를 비웃었고 대부분의 시간을 무단결석으로 보냈다. 그러나 어느날 그는 공공 도서관으로 방황했고 〈로빈슨 크루소〉를 읽기 시작했다. 그때부터 그는 책에 매료되었다. 그는 배가 고팠지만 집에 돌아가 밥을 먹지도 않고 책 읽기를 계속했다.

그 다음 날, 그는 도서관이 다시 여는 시간에 도서관으로 달려가서 다른 책을 읽기 시작했다. 새로운 세계가 그 앞에 펼쳐지기 시작했다. 그 세계는 〈아라비안 나이트〉에 나오는 바그다드처럼 신기하고 형형색색이었다.

그 때부터 그는 마치 독서에 목이 말랐던 사람처럼 책을 읽기 시작했다. 그는 종종 하루에 10~15시간 씩 책을 읽기도 했다. 그는 닉 카터부터 셰익스피어까지, 허버트 스펜서부터 칼 막스까지 모든 책을 닥치는 대로 읽었다.

19살이 되자, 그는 더 이상 힘쓰는 일로 돈을 벌 것이 아니라 머리를 써서 돈을 벌자고 마음 먹었다. 그는 부랑자 생활에 지쳤고, 허구헌날 경찰에게 두들겨 맞는 것에도 지쳤고, 기차 제동수가 자신의 머리를 랜턴으로 쳐대는 것에도 지쳤던 것이다.

그리하여 19살에 그는 캘리포니아 오크랜드의 한 고등학교에 입학한다. 그는 거의 잠도 안 자면서 밤새 공부하여 경이로운 일을 해냈다. 그는 4년에 걸친 수업과정을 3달 만에 숙달하여 시험을 쳐서 캘리포니아 대학교에 들어가게 된 것이다.

위대한 작가가 되려는 추진력 있는 야망에 사로잡힌 그는 〈보물섬〉, 〈몬테크리스토 백작〉, 그리고 〈두 도시 이야기〉를 공부했다. 그는 그것들을 반복해서 연구한 다음 열정적으로 글을 썼다. 그는 하루에 5천 단어를 썼는데, 그것은 20일 안에 장편 소설 한 편을 쓴다는 것을 의미한다. 그는 때때로 여러 편집자들에게 동시에 30개의 이야기를 보냈다. 하지만 그 글들은 모두 퇴짜를 맞았다. 하지만 이제야 그는 새로운 직업을 배우고 있었을 뿐이다.

그러던 어느 날 그의 이야기 중 하나인 〈일본 해변의 태풍〉이 샌프란시스코 콜이 후원하는 대회에서 1등을 차지했다. 하지만 그는 그로써 20달러밖에 받지 못했다. 그는 빈털터리였고, 방세도 낼 수 없었다.

그것은 1896년의 드라마와 흥분의 해였다. 클론다이크에서 금광이 발견되었다. 전신선이 대륙 전역에서 선정적인 뉴스를 보여주며 전국을 열광시켰다. 노동자들은 공장을 떠났고, 군인들은 군대를 이탈하고, 농부들은 그들의 땅을 버렸고, 상인들은 그들의 가게를 잠갔다. 금을 캐는 사람들이 이동하고 있었다. 인류의 메뚜기 떼가 날개를 펴고 북녘 불빛 아래 황금빛 땅으로 향했다.

그리고 잭 런던은 그들 중 하나였다. 그는 클론다이크에서 금을 캐는 데 정신없는 한 해를 보냈다. 그는 어마어마한 고난을 이겨냈다. 계란은 한 알에 25센트였고 버터는 1 파운드에 3달러나 되었다. 그는 섭씨 영하 60도에 육박하는 날씨에 길바닥에서 잠을 잤다. 그는 결국 한 푼도 없이 남쪽으로 흘러들어 왔다.

그는 자신이 찾을 수 있는 일이라면 무엇이든 했다. 식당에서 그릇을 닦고, 바닥을 쓸고 닦고, 부두와 공장에서도 일했다.

그러던 어느 날, 수중에 2달러와 굶주리고 있는 자신을 발견한 잭 런던은 육체 노동을 완전히 그만두고 그의 모든 시간을 글을 쓰는 데 바치자고 마음 먹었다. 그것이 1898년이었다. 그로부터 5년 후인 1903년, 그는 6권의 책을 내고 125개의 단편을 써내어 미국에서 가장 많이 회자되는 작가가 되었다.

잭 런던은 1916년, 작가가 되기 시작한지 겨우 18년 만에 사망했다. 그리고 그 시간 동안 그는 1년에 3권의 책을 내면서 수많은 짧은 이야기들도 썼다.

이 때 그의 연간 수익은 미대통령의 연간 수입의 2배였다. 그의 책은 아직도 유럽에서 매우 인기가 많고, 미국에서 가장 많이 읽히는 작가 중의 한 명이다.

 그가 겨우 2천 달러 밖에 받지 못한 〈야성이 부르는 소리〉
는 수많은 언어로 번역되었다. 150만 부 이상의 책이 팔렸고
미국 영어 소설 역사에서는 가장 인기있는 책 중에 하나가 되
었다.

- 앤드류 카네기 -

그 누구보다 더 많은 백만장자를 배출한 사람

앤드류 카네기는 의사나 조산사의 도움없이 태어났다. 이 중 어느 하나라도 구할 형편이 되지 않을 정도로 그의 가족들이 가난했기 때문이다. 그는 한 시간에 2센트를 받으며 일을 시작했다. 그리고 그는 종국에는 4백만 달러를 벌게되었다.

나는 한 번 그가 태어난 스코틀랜드의 던퍼믈린 오두막에 방문한 적이 있다. 그 집은 방이 2개 밖에 없었다. 그의 아버지는 1층에서 직조사업을 운영했고 가족들 모두는 윗층의 작고 어두운 다락방에서 음식을 만들고, 먹고, 잤다.

카네기의 가족들이 미국에 왔을 때, 앤드류의 부친은 식탁보를 만들어 집마다 팔러다녔다. 그의 모친은 세탁과 제화공을 위해서 부츠를 꿰매는 일을 했다. 앤드류에게는 셔츠가 한 벌 밖에 없었기 때문에 그의 모친은 매일 밤 앤드류가 잠에 들면 그 셔츠를 씻고 다림질했다. 그의 모친은 매일 16에서 18시간 씩 일했고 앤드류는 그런 그의 어머니를 매우 사랑했다. 앤드류가 22살이 되었을 때, 그는 그의 어머니에게 당신이 살아 계시는한 결혼을 절대 하지 않으리라고 약속했다. 그리고 그는 그 약속을 지켰다. 그는 그의 모친이 그로부터 30년이 지난 후에 돌아가실 때까지 결혼을 하지 않았다. 그가 결혼을 했을 때 그의 나이는 오십이었고 첫번째이자 유일한 자식이 태어났을 때 그의 나이는 예순둘이었다.

앤드류가 아직 어렸을 때 그는 그의 모친에게 "어머니, 제가 언젠가 부자가 되어서 어머니께서 실크드레스와 종업원, 마차도 가질 수 있게 해드릴께요."라고 몇 번이고 반복해서 말했다고 한다. 그는 종종 자신의 두뇌는 모두 어머니로부터 물려 받았고 그의 모친에 대한 사랑이 그의 극적인 커리어의 원동력이었다고 말했다. 모친이 사망했을 때, 앤드류는 너무나 슬퍼서 15년 동안이나 어머니의 이름을 말할 수도 없었다고 한다. 그는 한 번 어떤 할머니의 주택 융자금을 대신 내 주었는데 그 이유는 단순히 그 할머니가 자신의 모친과 닮아서였다고 한다.

앤드류 카네기는 강철왕으로 알려졌지만 그 자신은 강철 생산에 대해서 많이 아는 것이 없었다고 한다. 그에게는 대신 그보다 강철에 대해서 더 잘 아는 수백, 나아가서는 수천의 사람들이 그를 위해 일하고 있었다. 그가 잘 아는 것은 사람을 대하는 법이었고 이것이 그를 부유하게 만들어 주었다. 그의 인생 초반에 그는 사람을 모으는 법, 리더쉽, 사람들이 그를 위해 일하게 만드는 법에 대한 재능을 보였다.

그가 아직 어렸을 때 그는 스코틀랜드에서 어미 토끼를 얻게 되었다. 짜잔! 그에게 곧 작은 토끼들이 가득한 둥지가 생겼다. 어린 앤드류에게는 그 토끼들에게 먹일 것이 없었다. 하지만 대신 뛰어난 아이디어가 떠올랐다. 그는 동네 아이들에게 만약 너희들이 토끼들에게 먹일 클로버와 민들레를 뽑아다 준다면 그에 대한 경의의 표현으로 토끼들의 이름을 짓겠다고 전한 것이다. 그 계획은 마법처럼 성공했다.

수 년이 지난 후, 카네기는 이와 같은 심리를 사업에 적용하였다. 예를 들자면, 그는 펜실베니아 철도공사에 강철 레일을 팔고 싶었다. 당시 J. 에드가 톰슨이 펜실베니아 철도공사의 수장이었는데, 앤드류 카네기는 피츠버그에 큰 강철 공장을 지어 그 공장의 이름을 'J. 에드가 톰슨 강철 공사'라고 이름 붙였다. 당연히 톰슨 씨는 기분이 좋아졌고 그의 이름이 붙은 회사에서 나온 강철 레일을 주문하게 하는 일은 많은 설득이 필요하지 않았다.

카네기는 어릴 때 피츠버그에서 전신 배달원으로 취직했다. 하루에 50센트를 받는 일이었다. 그에게 그 일은 마치 행운과도 같은 직업이었다. 그는 그 동네에서 낯선 이였다. 그는 동네를 잘 알지 못해서 길을 잘 몰랐기 때문에 그 일을 잃을까 두려워서 그 도시 안의 상업 지구에 있는 모든 회사 이름과 주소를 달달 외웠다. 그는 전신기사가 되고 싶었다. 그래서 그는 밤에는 전신기술을 배우고 매일 아침 일찍 사무실로 달려가 전건 연습했다.

어느 날 아침, 큰 뉴스로 전신사가 불통이 났다. 필라델피아에서 피츠버그로 정신없이 전보가 온 것이다. 그런데 근무 중인 전신기사가 아무도 없었다. 그래서 앤드류 카네기는 전신사로 달려가 메세지를 받아 전달하여 즉시 그 자리에서 두 배의 급여를 받는 전신기사로 승진되었다.

그의 쉼없는 에너지와 잠도 없는 야망은 사람들의 관심을 끌었다. 펜실베니아 철도공사는 자체 전보선을 깔았다. 앤드류 카네기는 그곳의 전신기사가 되었고 그 후 구획 관리자의 개인비서가 되었다.

어느 날 갑자기 발생한 사건이 그를 부의 길로 인도하기 시작했다. 한 발명가가 기차를 타고 있던 그에게 다가와 옆에 앉아 그에게 자신이 발명한 침대차의 새 모델을 보여준 것이다. 그 당시의 침대차란 화물칸 옆면에 대충 만든 침상을 못으로 박아넣은 것이었다. 이 새로운 발명품은 지금의 풀먼식 호화 침대칸과 같은 것이었다. 카네기에게는 날카로운 스코틀랜드인의 선견지명이 있었다. 그는 그 발명품에서 가능성, 어마어마한 가능성을 보았다. 그래서 그는 돈을 빌려 해당 발명품에 대한 주식을 샀다. 회사는 깜짝놀랄만한 배당금을 지급했고 카네기는 25살이 되던 해, 이 단 하나의 투자로 1년에 5천 달러 씩 수익을 얻었다.

한 번은 철도가 있는 나무 다리가 불 타 며칠 동안이나 교통이 막힌 적이 있었다. 앤드류 카네는 당시 구획 관리자였다. 나무로 된 가교의 운명은 끝이나 다름없었다. 그는 이를 미리 예측했다. 철이 도래하는 시기가 된 것이다. 그는 돈을 빌려

회사를 세워서 철로 된 가교를 짓기 시작했다. 그로부터 들이치는 수익은 어지러울 정도로 어마어마했다.

이 직조공의 아들은 미다스의 손을 가지고 있었다. 그는 너무나도 잘 나갔다. 행운, 경이로운 행운이 그를 따랐다. 그와 그의 친구들은 펜실베니아 서부에 유전이 있는 농장을 4만 달러에 사서 거기서 고작 1년만에 백만 달러의 이익을 얻었다. 이 영리한 스코틀랜드인은 27살이 되던 해 한 주의 수입은 1천 달러였다. 15년 전에는 하루에 20센트를 벌던 사람이 말이다.

때는 1862년이었다. 아브라함 링컨이 백악관에 대통령으로 재임할 때이다. 남북전쟁이 치열하게 벌어지고 있었다. 물가는 하늘 높은 줄 모르고 치솟고 있었다. 큰 일들이 여기저기서 벌어지고 있었다. 미개척지와의 경계선이 점점 넓어지고 있었다. 서부 극단이 열리기 시작했다. 곧 철도가 대륙을 가로지르게 될 것이었다. 도시들이 하나둘씩 지어지고 있었다. 미대륙은 엄청난 시대의 문턱에서 요동치고 있었다.

앤디 카네기는 그의 강철 용광로에서 연기와 불길을 뿜어내며 인류 역사에서 그 누구도 꿈꾸지 못한 부를 축적할 때까지

번영의 해일을 탔다.

하지만 그는 아주 열심히 일한 것은 아니었다. 그는 절반 정
도의 시간은 놀러 다니며 지냈다. 그는 그보다 아는 것이 많
은 사람들을 보조자로서 둘러 쌓았다고 말하며 그들이 자신에
게 수백 달러씩 끌어모아 오도록 자극했다. 앤드류 카네기는
스코틀랜드인이었지만 너무 스코틀랜드인은 아니었다. 그는
그의 동업자들이 자신의 수익을 나눠가지도록 하였고 그 누구
보다 많은 사람들을 백만장자로 만들어 주었다.

그는 비록 그의 인생에서 4년 밖에 학교를 다닌 적이 없지
만, 그럼에도 불구하고 여행서와 전기, 수필집과 경제서 등 8
권의 책을 썼고 공공 도서관에 6천만 달러를 기부하고 교육의
향상을 위해서 7천8백만 달러를 기부했다.

그는 바비 번즈가 쓴 모든 시를 외웠다. 그리고 그는 기억만
으로 맥베스와 햄릿, 리어왕, 로미와 줄리엣, 베니스의 상인
의 모든 것을 암송할 수 있었다.

그는 교회의 신도가 아니었지만 교회에 7천 대가 넘는 파이
프 오르간을 기부했다.

그가 기부한 금액은 모두 3억 6천 5백만 달러였다. 그 말은 곧 그가 한 해에 매일 백만 달러 씩은 기부했다는 뜻이다. 신문사들은 앤드류 카네기에게 그의 부를 어떻게 나눌 수 있는지 가장 잘 말할 수 있는 사람을 찾아 선발대회를 열기도 하고 상금도 걸었다. 이는 앤드류 카네기가 부유하게 죽는 것은 불명예라고 선포했기 때문이다.

- 로렌스 티베트 -

한 때 집세를 내기 위해서 포도따기도 했지만 그의 목소리는 어마어마한 가치를 지니게 된다.

1922년 로렌스 티베트는 로스앤젤레스 근처에 살고 있었고, 아내를 부양하는 데 어려움을 겪고 있었다. 그는 일요일에 교회 성가대에서 노래를 불렀고, 가끔 결혼식에서 '오, 약속해!'같은 축가를 부르며 5달러 씩을 벌었다.

그는 몇 년 동안 음악 공부를 했지만 진전이 없었다. 하지만, 그에게는 그를 믿어준 루퍼트 휴즈라는 친구가 있었다. 휴즈는 늘 말했다. "너는 훌륭한 목소리의 소질이 있어. 너는 뉴욕에서 공부해야만 해."

휴즈의 작고 친절한 격려는 티베트의 인생에 전환점이 되어 그가 2500달러를 빌려 동부로 떠나게 되는 원인이 되었다. 만약 그가 뉴욕에서 성공하지 못했다면? 만약 그랬다면, 티베트는 캘리포니아로 돌아와 자동차를 팔아 생계를 꾸리기로 결심했었다.

이 때가 바로 1922년이었다. 로렌스 티베트는 너무나도 가난하여 도심 안에서 살 여력조차 없었다. 그래서 그는 시골에 있는 집 하나를 세를 내고 빌렸다. 다행히 그 집은 포도밭 한가운데 있는 집이어서 티베트는 얼마든지 무료로 포도를 먹을 수 있었다. 티베트는 후에 사실은 포도 말고는 먹을 것을 구할 수도 없는 때도 있었다고 털어 놓았다. 그 집의 월세는 겨우 월에 12달러 50센트에 불과했지만 그 마저도 가수로 활동하며 내기 힘들 때도 있었다고 한다. 한 번은 10개월이나 집세를 낼 수 없어서 빚을 갚기 위해 포도밭에서 포도를 따거나 가지 다듬는 일을 해야 할 때도 있었다.

그는 한 달에 5달러를 주고 피아노를 빌렸지만, 티베트는 피아노를 거실에 놓을 수가 없었다. 왜냐하면 그 삐걱거리는 낡은 집은 가파른 산비탈에 서 있었고, 집의 앞 부분이 높은 기둥으로 떠받쳐 있어서 피아노가 바닥을 뚫고 나가 언덕 아래에 부딪힐 때까지 포도 덩굴 사이로 통통 굴러 떨어질까 두려웠기 때문이다.

　그가 처음 뉴욕에 왔을 때, 그는 메트로폴리탄 오페라 하우스에서 가장 싼 좌석조차 살 여유가 없었다. 그래서 그는 거대한 메트로폴리탄 오페라 하우스에서 하는 불멸의 스코티와 아름다운 메리 가든의 매력적인 공연을 듣기 위해 뒤쪽에 서서 공연을 볼 수 있는 티켓을 2달러 20센트에 사기도 하였다. 그 시절 티베트는 집세와 음악 레슨비를 내기 위해서 친구들로부터 늘상 돈을 빌려야 했다.

　그러나 10년 후, 티베트 그 자신은 메트로폴리탄의 자랑스러운 무대를 누비며 열광적인 환호를 받았고, 한 번의 공연에서는 22번의 커튼콜을 받기도 했다. 세계에서 가장 유명한 바리톤 중 한 명이 된 것이다.

　매년 수백 명의 훌륭한 목소리를 가진 야심만만한 젊은이들이 뉴욕으로 몰려와 명성과 부를 얻기를 열망한다. 나는 그들 중 얼마나 많은 사람들이 평범함을 넘어서지 못하고 실패하는지 종종 궁금했다.

　나는 이것을 로렌스 티베트에게 물었다. 그러자 그는 천에

999는 실패한다고 말했다. 그리고 덧붙이기를, 그들의 대부분이 실패하는 이유는 목소리가 좋지 않아서가 아니라 노래를 지능적으로 이용할 줄 모르기 때문이라고 하였다. 그들은 쇼맨십의 재능이 없어 청중을 사로잡고 노래를 전달하여 그들이 하고 있는 노래를 사람들이 느끼게 하지 못하기 때문에 실패했다고 티베트는 말했다.

로렌스 티베트는 캘리포니아의 베이커스필드에서 유년기를 보냈다. 그의 아버지는 수년 동안 캘리포니아에서 소몰이꾼으로 일하며 소우리의 울타리를 수리하고, 송아지에 낙인을 찍고, 소도둑들과 싸웠다. 그의 허리띠에는 커다란 진주 손잡이가 있는 권총이 채워져 있었다. 티베트의 부친이 쏜 총알은 백발백중이었다. 그의 권총에는 두 개의 홈이 파여 있었는데 그것은 그가 캘리포니아의 컨 카운티의 보안관이 되기 전에 이미 소도둑 두 명을 쏴 죽였다는 표식이었다. 그는 집에 고정적인 총기를 보관하는 무기고가 있었고, 긴 귀와 슬픈 눈을 가진 거대한 블러드 하운드가 뒷마당에 사슬로 묶여 있었다. 총격 사건이 발생할 때마다 전화벨이 울렸고, 티베트 보안관은 개와 총을 붙들고 범죄 현장으로 달려가 사냥개에게 흔적을 추적하게 시켰다. 그러면 로드라는 이름을 가진 그 블러드 하운드는 들판과 과수원을 가로질러 짖어댔고, 티베트 보안관은 그 뒤를 쫓아 목줄을 잡고 팔을 흔들며 "로드가 그 놈을 잡았다"고 소리를 질러댔지만 로드가 보통 찾은 것은 범인 대신, 늙은 소나 코요테였다.

보안관이 되는 것은 어린 로렌스 티베트에게 매우 흥미롭고 매력적인 일처럼 보였다. 그래서 그의 소년 시절의 야망은 그의 아버지처럼 보안관이 되는 것이었다.

그런데 그런 그에게 갑자기 극적이고 비극적인 일이 일어났다. 그의 부친이 서부에서 가장 악명 높은 은행 강도이자 무장강도 중 한 명인 짐 맥키니와의 전투에서 총에 맞아 사망한 것이다.

그 총격 사건은 로렌스 티베트의 삶의 모든 과정을 바꾸어 놓았다. 그의 부친은 담배와 춤, 카드놀이와 연극을 격렬하게 반대하는 신앙심이 깊은 사람이었기 때문이다. 그리고 만약 그의 아버지가 총에 맞지 않았다면, 티베트 자신은 가수와 배우가 될 엄두도 내지 못했을 것이라고 그는 말했다.

고등학교에 다닐 때, 티베트에게는 열등의식이 생겼다. 그의 어머니가 하숙집을 운영해야 할 정도로 경제사정이 나빠진 것이다. 그는 옷이 한 벌밖에 없었고, 바지는 너무 짧았으며, 여자친구에게 아이스크림 소다 하나도 사줄 수 없었다. 다른 학생들은 그를 무시하고 그에게 주의를 기울이지 않았다. 그래서 티베트는 스스로 이름을 날리기로 결심하고, 남들 눈에 띄는 지름길을 찾아다녔다. 그는 학생 합창단의 단원이 되려고 했지만 그들은 그를 받아들이지 않았다. 그는 고등학교 연극에 출연하려고 했지만 아무도 그를 원하지 않았다. 캘리포니아 출신의 유명한 가수가 될 운명이었던 이 소년은 고등학교의 콘서트에서 노래하기를 원했을 때조차 냉담하게 거절당했다. 그의 목소리에서 나오는 천재성의 불꽃은 그가 21살이 될 때까지 빛나지 못했다.

티베트는 가장 위대한 음악은 사람들을 가장 흥분시키는 것이며, 우리의 많은 대중음악이 그 때문에 훌륭하고, 매우 좋다고 말한다.

'완벽한 날의 마지막'은 지금까지 쓰여진 노래 중 가장 인기 있는 노래이다. 5백만 명의 사람들이 이 노래의 음반을 샀고, 로렌스 티베트는 그 소박한 노래가 정말 훌륭한 노래라고 말한다.

그는 '올드맨 리버'나 '랩소디 인 블루'도 오스트리아 출신의 유명한 클래식 작곡가가 쓴 어떤 음악과도 견줄 만큼 좋은 음악이라고 믿는다.

한 단어 당 49달러 49센트를 받는 책을 쓰고도
그 책을 쓴 사실을 부끄러워 했던 작가

한 권의 책에서 한 단어 당 49달러 49센트씩을 받은 작가는 세계 역사상 딱 한 사람 밖에 없다. 그 책은 〈스페셜리스트〉이고 그 작가는 칙 세일이다.

〈스페셜리스트〉는 칙 세일이 쓴 최초의 책이었고, 그는 그 책에 대한 믿음이 거의 없었기 때문에 처음에 2,000부만 인쇄했다. 그러나 그 책들이 모두 팔리는 데는 6주 밖에 걸리지 않았다. 갑자기 〈스페셜리스트〉는 인기를 끌었고 마치 소나무 숲을 뛰어다니며 포효하는 불길처럼 전국을 휩쓸었다. 그것은 심지어 펄 S. 벅의 〈대지〉보다 더 많이 팔렸다!

〈대지〉보다 더 많이 팔린 책을 쓴 것에 대해 작가가 매우 자랑스러워 할 것이라고 생각하지 않는가? 하지만 칙 세일은 그렇지 않았다. 그는 〈스페셜리스트〉의 유머가 많은 사람들에게 오해를 받아 책 쓴 것 자체를 후회했다.

반면에, 그는 그것이 성취한 성공에 대해서는 자랑스러워했다. 하지만 그는 사람들이 그의 면전에서 그 책에 대해 말할 때 당황했고, 특히 그가 그 사람이 유머를 천박하게 여긴다고 생각한다면, 아무도 이에 대해서 언급하지 않기를 원했다. 한때 그의 딸은 실제로 그 책이 가족의 명예를 더럽혔다고 생각해서 울었다.

칙 세일은 정말로 우연하게 작가가 되었다. 사실 그는 그 이전에는 배우였으며 무대 분장을 하는 캐릭터 배우 중에서는 최고 중 한 명 이었다.

그 점에 관해서라면, 사실 그가 배우가 된 것도 완전 우연이었다. 수년 전, 그는 일리노이주 어바나의 철도 상점에서 일하는 정비사였다. 그의 누이는 무대 위에 서는 것이 꿈이었기 때문에 연극 학교에 들어가기 위해서 시카고에 갔었다. 성탄절 방학을 맞아 집으로 돌아온 그녀는 교회에서 한 프로그램을 맡게 되어 거기서 시골사람들 캐릭터를 연기 하게 되었다.

그녀의 공연이 마치고 나서 칙은 말했다. "뭐야, 그정도라면 학교를 안 가도 나도 할 수 있겠는데."

칙의 누나는 그에게 그럼 어디 해보라고 말했고, 칙은 그 자리에서 무대로 나가 어바나의 동네 전보사 흉내를 내기 시작했다. 몇 분이 지나지 않아 그 동네 사람들은 웃느라 의자에서 나자빠질 정도로 정신이 없었다.

그 다음 주에 한 무리의 배우들이 쇼를 하기 위해 어바나에 왔다. 그들은 연극 중간에 나와서 관객들을 즐겁게 해주는 코미디언이 있었지만, 그 때 마침 병에 걸렸다. 칙 세일은 그 소식을 듣고, 그 일에 지원했다.

그 쇼의 매니저는 매우 회의적이었지만, 칙 세일은 아랑곳하지 않고 자신이 할 수 있는 것을 보여 주었다. 그러자 매니저는 그 자리에서 그를 일주일동안 고용하며 10달러를 주었는데, 이것이 칙 세일의 인생을 완전히 바꿔 놓았던 것이다 .

무대 조명! 화려함! 500명의 웃음! 관객들의 환호! 이제는 그에게 고삐를 채우고 쇠사슬을 묶더라도 그를 다시는 정비소로 되돌려 보낼 수는 없게 되었다.

그는 낡은 망원경 가방을 챙겨 시카고로 달려가 무대에 취직하고 값싼 하숙집으로 가서 장기 연습을 시작했다. 그는 수염이 그를 노인처럼 보이게 할 것이라고 생각했다. 하지만 그는 수염을 어디서 살 수 있는지 몰라서 매트리스에서 꺼낸 말털로 수염 세트를 만들었다. 그는 극장용 분장 가게에서 진짜 수염 세트를 사기 전까지 8개월 동안 이 매트리스 수염을 무대에서 사용했다.

그는 매우 적은 돈을 받았고, 그 돈은 매우 소중했다. 그래서 그는 너무 많이 먹지 않기 위해 저녁 식사를 하기 전 싼 사탕을 먹었다. 그렇게 하면 식욕이 조금은 줄어들었기 때문이다.

그런데 그 후 그는 배가 아프기 시작했다. 어쩌면 그 싸구려 사탕 탓이었을 수도 있다. 어찌하든, 그는 수술을 위해 수천 달러를 썼고, 호텔에서 만들어 주는 음식은 먹을 수 없었기 때문에 항상 요리사를 데리고 다녔다.

그는 또한 서류함처럼 된 철제 트렁크를 가지고 다녔는데 이 가방은 수천 개의 농담으로 가득 차 있었다! 그는 세계에서 가장 많은 농담 모음집 중 하나를 가지고 있었지만, 사적인 대화에서는 결코 재미있는 이야기를 하지 않았다.

그는 브로드웨이에서 여섯 편의 뮤지컬 코미디에 출연했지만, 그는 노래도 할 수 없었고 춤도 출 수 없었다. 그는 미국에서 가장 잘 알려진 "호른 연주자"였지만 그는 호른을 연주하지도 못했다. 그는 프랑스 파리에 관한 쇼에서 5만 달러를 벌었지만 파리를 본 적은 없었다.

그는 16년 동안 무대 위에서는 항상 똑같은 신발만 신었다. 그 신발은 그가 노인을 연기할 때 신었던 신발이다. 그는 그 신발이 그에게 행운을 가져다 준다고 믿어서 그 신발을 계속해서 고쳐 신고 새 신발을 사기를 거부했다.

그가 어느 소가극에서 연기를 하고 있을 때, 그는 몬타나주 미줄라에서 온 여인에게 사랑에 빠졌다. 그 여인은 마치 달빛과 자스민 꽃과 같은 후광이 비치는 황홀한 사람이었다.

그는 무대 위에서라면 천 명 관객 앞에 서도 조금도 두렵지 않았지만, 이 여자에게 청혼을 하려고 했을 때, 그는 말을 더 듣고 얼굴이 빨개져 비참한 기분이 들었다. 그는 황급히 몸이 안 좋다고 말하고는 그녀를 떠나 호텔방으로 돌아갔다.

호텔방에 도착해서 그는 전화로 그녀에게 프로포즈를 했다. 그리고 그녀는 청혼을 받아 들였고, 그들은 결혼에 성공해, 4명의 자식을 가지게 되었다.

〈스페셜리스트〉로 엄청난 돈을 얻게 된 이후, 칙 세일은 다른 책 한 권을 더 썼다. 그것은 〈옥수수 껍질 벗기는 기계가 영화를 부수다〉라는 책이었고, 이 책은 책을 찍는 데 필요한 비용을 댈 수 없을 정도로 팔리지가 않았다!

– 프란시스 예이츠 브라운 –
영화가 말해 주지 않은 벵골의 창기병들에 대해

어느 날 오후, 예이츠 브라운이라는 이름의 날씬하고 진지한 젊은 영국인이 포레스트 힐즈에 있는 내 벽난로 앞에 앉아 신비롭고 전설적인 동양의 땅에서의 그의 모험 이야기로 몇 시간 동안 나를 마법에 걸리게 했다. 그는 그때 서른아홉 살이었다. 그리고 그가 열아홉 살 때부터, 그는 많은 전쟁터에서 죽음을 보았다.

그는 바그다드와 이스탄불에서 전쟁 포로로 있었다. 그는 튀르키예인들과 메소포타미아의 뜨거운 사막 위에서 싸웠고, 플랑드르에서는 독일군과 싸웠다.

그는 〈피의 세월〉이라는 제목의 책을 썼지만, 아라비아의 로렌스처럼, 나는 그가 싸움보다는 시와 철학에 더 관심이 있는, 조용하고 부드럽게 말하는 영국 신사라는 것을 알았다.

예이츠 브라운은 20년간의 군인 생활을 끝에도 돈이 많이 있지는 않았다. 그는 자신의 미래가 어떻게 될지 전혀 알지 못했다. 하지만 그는 별로 걱정하는 것 같지 않았다. 아시아로 가 있는 동안 그는 동양의 차분한 철학을 배웠다. 그는 신비주의와 요가의 제자가 되었고, 성자들 밑에서 공부하여 베단타의 비밀을 찾았다.

그는 우리 대부분처럼 단일한 삶을 살지 않았다. 그의 39년 동안 그는 많은 삶을 살았다. 사실, 그가 마침내 그 날 오후에 나에게 했던 많은 것들과 관련된 그의 바쁜 경력에 대한 이야기를 책으로 썼을 때, 그는 그 책을 〈벵골 창기병의 삶〉이라고 불렀다. 그것은 1930년의 선풍적인 성공이었다. 그리고 이 책은 여태껏 할리우드에서 나온 영화 중 가장 흥미로운 영화 중 하나를 만들었다. 하지만 전기에 기반한 대부분의 할리우드 영화가 그렇듯이, 이 영화는 예이츠 브라운의 놀라운 경험에서 많이 벗어나 있다.

프란시스 예이츠 브라운이 처음으로 영국 여왕의 모든 영토에서 가장 자랑스럽고 가장 위엄 있는 기병인 로열 벵골 창기병의 멋진 파란색과 금색 유니폼과 파란색과 금색 터번을 입었을 때 그는 겨우 19살이었다.

그들은 모두 건장한 신체를 가진 남성들이었고, 인도의 정예연대인 벵골 창기병이었다. 하지만 그들은 한 달에 10달러 정도의 매우 푼돈을 받았으며 자신의 말과 장비를 모두 스스로 구비해야 했다. 하지만 이 용감한 영국인들은 돈을 벌기 위해 인도에 간 것이 아니었다. 그들은 영광을 위해, 지구 끝까지 나아갔던 키치너와 중국인 고든, 프랜시스 드레이크 경, 월터 릴리 경의 정신으로 그곳에 있었다.

그들은 매일 아침 5시에 일어나서 해가 중천에 떠 총구가 햇빛에 달궈져 더 이상 들 수 없을 때까지 몇 시간 동안이나 훈련을 했다. 온도계가 그늘에서도 섭씨 38도에 이르는 뜨거운 날씨에도 그들은 폴로 경기장을 누비며 휴식을 즐겼다. 그중 일부는 일사병과 말라리아로 몸이 망가져 탈락하기도 했다.

하지만 예이츠 브라운은 인도에서 가장 위험하고 흥미진진

한 스포츠는 "돼지 막대치기"였다고 한다. 그것이 바로 이 영국인이 부른 표현이다. 실제로 이것은 덤불과 거친 바위로 가득한 시골 숲길을 달려가며 야생 멧돼지를 죽창으로 잡는 것이었다.

부상을 입은 야생 멧돼지보다 더 사나운 동물은 이 세상에 없다. 야생 멧돼지는 135kg의 분노의 털뭉치로, 여우만큼 교활하고, 사자만큼 용감하며, 기마대의 말만큼이나 빠른 발을 가졌다. 이 동물이 예리한 앞니로 칠 수 있을 만한 거리에 들어왔다는 말은 즉, 빠르고 확실한 죽음을 앞두고 있다는 뜻이다.

나는 예이츠 브라운에게 생명의 위협을 받은 가장 위험했던 순간을 알려달라고 했다. 그는 그 일은 "돼지 막대치기"를 하러 갔던 날 발생했다고 했다. 그와 그의 동료들은 거대한 야생 멧돼지를 덤불에서부터 몰아 냈더랬다. 그 난폭한 멧돼지는 앞니를 번쩍이며 들판을 달려 나갔다.

그의 폴로경기용 조랑말에 올라탄 예이츠 브라운은 이를 바짝 뒤쫓고 있었다. 그가 죽창 끝을 멧돼지에 찔러 넣자, 그의 말이 넘어졌다. 그리고 말, 돼지, 예이츠 브라운은 다리와 앞발이 모두 엉켜 서로 긁히고 비명을 울부짖으며 무력한 덩어리가 되어 굴러 내려갔다. 예이츠 브라운은 발길질하는 말 밑에 깔려 있었고, 창에 찔린 돼지는 일어서려고 발버둥치고 있었다. 말이 몸을 일으켰다. 그리고 멧돼지는 예이츠 브라운이 벌떡 일어나 가장 가까운 나무를 향해 달려들자마자 풀려났다. 그는 구조대가 올라올 때까지 거기에 앉아 있었다. 예이츠 브라운은 이빨 하나를 잃었고, 엄지손가락을 삐었으며, 머리부터 발까지 멍들고 으깨졌다. 멧돼지는 상처로 죽었다.

그 상황에서 완전히 행복한 유일한 하나는 동양의 서두르지 않는 여유를 즐기며 풀을 뜯어먹고 어슬렁거리는 말이었다.

하지만 내가 생각하기로 예이츠 브라운의 이상한 경력 중 가장 희한한 에피소드는 그가 여자로 변장을 한 때라고 생각한다.

그는 메소포타미아에서 튀르키예군과 싸워왔다. 그는 포로로 잡혀 이스탄불의 해충이 들끓는 감방에서 탈출했지만 도시에서 빠져나오지는 못했다. 튀르키예 당국은 그를 필사적으로 찾고 있었다.

당연히 그들은 영국인 군인을 찾고 있었기 때문에 한 카페에서 러시아의 왕자를 만나온 독일 여성 가정교사를 전혀 의심하지 않았다. 러시아 왕자 역시 튀르키예 당국이 감시하고 있는 처지이긴 했으나 섬세한 튀르키예인들은 무해한 연애에 관여할 만큼 냉담하지 않았다. 그래서 예이츠 브라운이 베일이 달린 어여쁜 모자와 까만 여우 목도리를 어깨에 두르고 손에는 토시를 끼고 독일인 가정교사로 분장해서 카페로 들어섰을 때, 러시아 왕자는 벌떡 일어나 예의 바르게 인사를 하고는 예이츠 브라운의 손에 키스를 했다.

이에 튀르키예 형사들은 무슨 일인지 알겠다는 미소를 지으며 어깨를 으쓱했다. 무슨 일이건 간에 의심받는 러시아 왕자도 조금의 연애는 허용되어야 했기 때문이다.

예이츠 브라운은 마드모아젤 조세핀으로 분장해서는 튀르키예를 빠져나갈 수 없었기 때문에 그는 다른 역할을 연기했다. 그래서 이번에 그는 성별과 국적을 바꿔서 하룻 밤만에 그는 군수공장에서 일자리를 잃은 헝가리 정비사가 되었다. 그는 작은 접힌 콧수염을 기르고 중산 모자를 쓰고, 철테 안경을 쓰고, 얼룩진 흰 조끼를 입고, 옆에 고무천이 붙어 있는 신발을 신었다. 사실 그는 이류 코미디언처럼 보였지만, 튀르키예 사람들은 그가 진짜 정비사라는 것을 결코 의심하지 않았다.

마침내 그는 잡혀서 다시 감옥으로 보내졌다. 한 번 더 그는 감옥 정원에서 저녁을 먹는 그리스인 무리 중 한 명으로 가장함으로써 탈출했다. 그들이 나갈 때에 그는 그들과 함께 나가서, 살아 있는 부처처럼 고요하게 거리를 걸었다.

나는 그에게 전쟁 중 그가 본 가장 참혹한 광경은 무엇이었는지 물었다. 그러자 그는 이 이야기를 들려 주었다. 그가 전쟁 포로였을 때, 그는 포로 수용소까지 200 마일을 강제로 걸어가게 되었다. 그 길에서 그는 아무도 살지 않는 마을 하나를 지나가게 되었다. 튀르키예 군이 아르메니아인들이 살던 마을 하나를 통째로 없애 버린 것이다. 죽음의 고요가 모든 곳에 흘렀고, 살아 있는 생명이라고는 조용한 거리를 슬금슬금 지나가는 개 몇마리와 하늘을 빙빙 도는 독수리들이었다고 한다.

10센트가 없어서 죽을 뻔 했던 남자, 백만 달러를 찢어 버릴 때까지 살아 남다

내가 알기로는 미국에서 백만 달러짜리 계약을 파기한 배우는 단 한 명뿐이다.

당신은 아마도 그의 영화를 본 적이 있을 수도, 그의 노래를 흥얼거린 적이 있을 수도, 그의 농담에 웃은 적이 있을 수도 있다. 그리고 그는 할리우드에서 만들어진 것들 중 가장 훌륭한 박스오피스 흥행물을 만들었다. 바로 1920년대에 만들어진 영화 중 유일하게 1200만 달러의 수익을 올린 영화말이다.

그 영화는 바로 "노래하는 바보"이고, 그 배우는 바로 거기 출연한 아사 요엘슨, 즉 알 졸슨이다.

졸슨은 어쩔 때는 일주일에 31,250달러의 급여를 받기도 했고, 어쩔 때는 6개월 넘게 아무 일도 하지 않고도 그 정도를 계속해서 받았다. 그 말은 즉, 그는 하루종일 아무 것도 하지 않으면서도 백만달러 가까이 받았다는 뜻이다. 물론, 그는 연기할 준비가 되어 있었다. 하지만 그의 고용주인 그러나 그의 고용주인 유나이티드 아티스트는 그 당시 촬영 준비가 되어 있지 않았기 때문에 그는 골프만 치고도 미국 대통령의 수입을 속기사의 봉급처럼 보이게 하는 돈을 받았다.

그러고서 그는 할리우드의 냉소적인 어둠을 밝힌, 가장 예상치 못했던 관대한 행동을 했다. 할리우드에는 불경기가 막 닥친 참이었다. 졸슨의 평생 친구였던 조셉 솅크는 큰 손실을 입었다. 알 졸슨의 계약에는 아직 백만 달러 이상 줘야할 돈이 남아 있었다. 그러나 그는 계약서를 갈갈이 찢어서 유나이티드 아티스트의 대표인 조셉 솅크에게 돌려주며 말했다. "괜찮아! 내가 자네를 위해 지금 아무 일도 안 하고 있는데 자네가 이 돈을 낼 필요가 뭐 있나."

찰스 슈웹은 한 때 월가에서 그에게 1년에 백만달러의 급여를 보장하는 급여 계약서를 찢어 화제가 된 적이 있었다. 하지만 이 한 때 가난했던 배우는 자신에게 1년에 2백만 달러

가까이를 주는 계약서를 찢어 버린 것이다. 아무도 그에게 그렇게 해달라고 부탁한 적도 없고, 아무도 그가 그렇게 하길 기대하지도 않았었다.

알 졸슨은 어렸을 때 결핵에 걸렸었다. 그가 무료 진료소에 치료를 받으러 갔을 때, 의사들은 즉시 시골로 가지 않으면, 6개월 안에 사망할 것이라고 말했다. 의사들이 그에게 준 처방전은 무료였고, 약도 무료였다. 그러나 정작 그가 그것을 가지러 갔을 때, 그는 약을 담은 병을 위해 10센트를 지불해야 한다는 사실을 알게 되었다. 그는 한 푼도 없었다. 그래서 끝까지 그는 약을 받지 못했다.

어쨌든 그는 그 약이나 의사들 없이도 회복을 했다. 하지만 그는 고작 10센트가 없어서 죽을 뻔했던 때의 감각을 절대로 잊지 않았다. 그것이 바로 그가 사라낙 호수의 아디론닥스에 있는 결핵 요양원에서 가난한 사람들을 위한 무료 침대를 지원하는 데 연간 2만 달러를 쓰게 된 이유이다. 그는 11년 동안 이 일을 지속했는데, 자신이 목숨을 구한 사람들의 절반도 실제로 본 적이 없다.

나는 종종 사람들의 생일에 대해 궁금해 하는데, 알 졸슨에게 언제 태어났는지 물었더니 그는 모른다고 했다. 그는 러시아의 가난한 부모에게서, 짚으로 만든 지붕과 돌로 된 바닥이 있는 작은 오두막에서 태어났다. 그들에게 있어 아이가 태어난 한 해는 다른 해와 다를 바 없이 바빴고, 아이의 생일과 같은 작은 것들을 일일히 굳이 신경 쓰려 애쓰지 않았다. 그래서 그는 자신이 1885년에 태어났는지, 아니면 1886년이나 1888년에 태어났는지도 조금도 몰랐다. 하지만 그가 유명해지고 난 다음 친구들은 그에게 생일 선물을 주고 싶어했고, 그래서 그는 생일을 하루 골라야 했다. 그는 가을에 배우들은 항상 돈이 없다는 것을 알았기 때문에 그 때는 고르기 좋지 않다는 것을 알았다. 하지만 봄에 배우들은 항상 좀 여유로운 기분이 들고, 또 5월은 날씨가 유하고 따뜻하니 그는 1888년 5월 26일을 자신의 생일로 정했다. 그는 그 날짜는 전혀 정확하지 않지만 그 정도면 됐다고 했다. 어쨌든 간에 4~5년 정도 밖에 틀리지 않을 것이기 때문이었다.

졸슨은 어렸을 때 무대에서 첫 직업을 얻었고, "게토의 아이들"이라는 연극에서 작은 역할을 맡았다. 그가 할 대사는 단 한 줄 있었다. 그는 무대로 달려가 "유대인들을 죽여라!"라고 외쳐야 했다.

그의 아버지는 그 때 막 유대교식으로 준비하는 정육점에 소 도살꾼으로 취직했고, 주중에 거기에서 일하고 나면 유대교의 주말인 사바스 때에는 유대교 사원에 가서 노래를 했다. 그러니 그가 자신의 아들이 무대 위에서 "유대인들을 죽여라" 라고 외치는 것을 들었을 때, 어린 졸슨은 거기서 황급하게 끝날 수도 있었다.

졸슨이 처음 뉴욕에 갔을 때, 그는 무일푼이었고, 워싱턴에서 무임승차를 해야했다. 그는 너무 세련되지 못해서 뉴저지의 뉴어크에 도착했을 때, 그는 자신이 뉴욕에 있다고 생각했다. 그래서 그는 기차에서 내려 저지 메도스의 풀숲에서 그날 밤 잠을 자야 했다. 그가 깨어났을 때, 그의 다리와 손은 모기에 물려 거칠고 땡땡 부어 피가 나는 덩어리가 되어있었다.

그가 마침내 뉴욕에 도착했을 때, 그는 공원 벤치와 물가에 있는 트럭에서 잠을 잤다. 며칠 동안 그는 배가 고팠다. 그때 그가 바랄 수 있는 최선은 바워리 술집에서 "돈을 벌 수 있는" 기회였다.

리 슈베르트는 어느 큰 도시에나 들어가서 그들의 이름만으로 극장을 채울 수 있는 제대로 된 배우는 미국에 단 두 명밖에 없다고 말한 적이 있다. 한 명은 프레드 스톤이었고, 다른 한 명은 알 졸슨이었다.

하지만 알 졸슨은 처음으로 윈터 가든 무대에 섰을 때는 마음이 아팠다고 말했다. 오랫동안 하는 쇼였고, 그는 자정이 넘어서야 공연을 시작할 수 있었다. 그는 아무런 박수도 받지 못했다. 단 한 명도, 잔물결조차 없었다고 한다. 그날 밤, 커튼이 내려간 후, 그는 낙담한 마음에 너무 아파서 비틀거리며 브로드웨이를 걸어 올라갔다. 그는 54번가에 살았지만, 너무 멍해서 그가 사는 곳에서 46블록이나 떨어진 90번가까지 걸어가고 나서야 자신이 어디 있는지 깨달았다고 한다!

그리고 그 순간 그의 가장 정신이 나간 꿈으로부터도 가장 멀찍히 떨어져 있던 것은 언젠가 그의 이름이 브로드웨이에 오로라처럼 번쩍이고, 매니저들이 그에게 1분에 10달러를 지불할 가능성에 달려들 것이라는 것이었다!

- 윌리엄 셰익스피어 -
번갯불에 콩 볶 듯 결혼한 셰익스피어

그가 살아 있는 동안 아무도 그에게 많은 관심을 기울이지 않았다. 그가 죽은 지 100년이 지난 후에도 그의 이름은 거의 알려지지 않았다. 그러나 그 이후로 그에 대해 수백만 개의 글이 쓰였다. 그는 사랑니로 깃털펜을 씹어 댔던 다른 어떤 작가보다 더 많은 논쟁을 불러 일으켰다. 그리고 매년 수천 명의 사람들이 그가 태어난 곳을 순례한다.

나 또한 1921년에 거기에 갔었다. 나는 스트래트포드에서 슬래터리까지 나라를 횡단하며 셰익스피어가 아직 어리숙한 시골 소년이었을 때, 애인 앤 와틀리와 밀회하기 위해 서두르며 열정적인 발로 휩쓴 들판을 걷고는 했다.

월리엄 셰익스피어는 그 당시 그의 이름이 수세기에 걸쳐 영광의 찬가로 울려 퍼질 것이라고는 전혀 생각하지 못했다. 그리고, 다행히도 그의 목가적인 어린 사랑이 슬픔과 수년간의 후회로 운명지어졌다는 것도 전혀 몰랐다.

　셰익스피어의 인생의 비극은 그의 결혼이었다는 사실에는 의심의 여지가 없다. 그는 앤 와틀리를 사랑했지만 늦은 밤에는 다른 여자를 사랑했다. 바로 앤 해서웨이였다. 앤 해서웨이는 그녀의 애인이 다른 사람과 결혼 허가를 받으려고 하고 있었다는 사실을 알았을 때, 깜짝 놀랐다. 두려움에 미칠 지경이 된 것이다. 그녀는 절망에 차서 이웃집으로 달려가 수치심에 눈물을 흘리며 셰익스피어가 왜 자신과 결혼해야 하는지 설명했다. 그녀의 단순하고 정직한 자작농이었던 이웃들은 셰익스피어에 대한 도덕적인 분노로 가득 차게 되었다. 그리고 바로 다음날, 그들은 서둘러 시청으로 달려가 셰익스피어와 앤 해서웨이의 결혼을 계약을 공연하게 게시하였다.

　셰익스피어의 부인은 그보다 8살이 많았다. 그리고 결혼의 시작부터 그들의 결혼은 비참한 소극이나 다름 없었다. 그의 연극에서, 셰익스피어는 남자들에게 나이든 여자와 결혼하지 말라고 거듭 경고한다. 사실, 셰익스피어는 앤 해서웨이와 아주 적은 시간 동안만 함께 살았다. 결혼 생활의 대부분은 런던에서 보냈고, 아마도 일년에 한 번 정도나 가족에게 돌아갈 것으로 추정된다.

오늘날 스트래트포드 온 에이본은 작은 초가지붕의 오두막들과 홀리호크 정원, 그리고 정취있는 구불구불한 길이 있는 영국에서 가장 아름다운 마을 중 하나이다. 하지만 셰익스피어가 그곳에서 살았을 때 그 마을은 더럽고, 가난에 찌들어 있었고, 질병으로 황폐했다. 거기에 하수구조차 없었다. 돼지들이 쓰레기를 집어삼키며 큰 길로 몰려들었고, 그 동네의 관리였던 셰익스피어의 아버지는 마구간의 쓰레기를 문 밖에 쌓아 둔 혐의로 벌금을 물기도 했다.

지금 미국에 있는 우리는 힘들게 산 적이 있다고 생각한다. 하지만 셰익스피어 때 스트래트포드 인구의 절반은 공공 구제 사업으로 생계를 유지했다. 대부분의 사람들은 글을 읽을 줄 몰랐다. 셰익스피어의 아버지도, 어머니도, 여자 형제들도, 딸도, 손녀도 글을 읽거나 쓸 줄 몰랐다.

영국 문학의 권위와 영광이 될 운명이었던 셰익스피어는 13살 때 학교를 그만두고 일을 해야 했다. 그의 아버지는 장갑 제작자이자 농부였는데, 셰익스피어는 아버지를 따라 소젖을 짜고, 양털도 깎고, 버터를 만들고, 가죽 무두질이며 연화 작업을 도왔다.

하지만 그가 죽을 때가 되었을 때 셰익스피어는 그 시대의 기준에 의하면 꽤 부유했다고 할 수 있다. 런던에 도착한 지 5년 만에 그는 배우로서 상당한 돈을 벌게 되었다. 그는 두 극장의 주식을 사서 부동산을 만지작거리기도 했으며 높은 이율로 돈을 빌려주어 곧 그의 수입은 1년에 300파운드가 되었다. 당시 파운드화의 구매력은 지금의 12배였으므로 셰익스피어가 45세 쯤 되었을 때 그의 1년 연봉은 2만 달러 정도에 달했을 것으로 보인다.

그런데 그가 부인에게 유산으로 얼마나 남겼을 것이라고 예상하는가? 1센트도 남기지 않았다. 셰익스피어는 자신의 부인에게 그만저만한 침대틀 하나 외에는 아무것도 남기지 않았다. 심지어 그마저도 이미 유언을 다 쓰고난 다음에 글줄 사이에 끼워넣은, 뒤늦게서야 생각해서 써넣은 것이었다.

셰익스피어가 죽은지 7년이 지나서야 비로소 그의 모든 연극들이 책의 형식으로 출판되었다. 셰익스피어 자신은 아마도 햄릿, 맥베스, 또는 한여름 밤의 꿈과 같은 연극 출판물로 600달러 정도에 해당하는 돈도 전혀 벌지 못했을 것이다.

나는 셰익스피어에 관한 많은 책을 쓴 S. A. 타넨바움 박사에게 스트래트포드 온 에이본의 윌리엄 셰익스피어가 우리가 아는 셰익스피어의 희곡들을 썼다는 절대적인 증거가 있는지 물어본 적이 있다. 그리고 그는 우리가 링컨이 게티스버그에서 연설했다는 사실을 확신하는 것처럼 그 사실을 확신한다고 대답했다. 하지만 여전히 많은 사람들이 셰익스피어는 존재하지 않았고, 그의 이름으로 된 열 몇 권의 책들은 사실 옥스포드의 백작 프란시스 베이컨 경이 그것들을 썼음을 증명하기 위해 존재하는 것이라고 주장한다.

나는 종종 셰익스피어의 무덤 앞에 서서 모든 비문 중에 가장 희한한 비문을 바라보고는 한다. 그 비문은 다음과 같이 되어 있다.

좋은 친구들이여 신의 이름으로 부탁하건대
이곳을 덮은 흙을 파내지 말아 주시오.
이 돌을 가만히 두는 이는 축복을 받을 것이고
내 뼈를 건드는 자는 저주를 받을 것이니.

셰익스피어는 죽은 후 작은 마을 교회의 설교단 앞에 묻혔다. 그는 왜 이 명예의 장소에 묻히게 되었을까? 300년이 지난 지금도 사람들이 사랑하는 그의 천재성 때문에? 그럴 가능성은 희박하다. 영국 문학의 북극성이 될 운명이었던 그 시인은 고향에 돈을 빌려주었기 때문에 교회에 묻힐 수 있었던 것이다. 고리대금업자로서 악역을 맡은 샤일록이라는 캐릭터를 만든 바로 그 사람이 고향에 돈을 빌려주지 않았다면, 오늘날 그의 뼈는 아무도 모르는 무덤에서 잊혀졌을 것이다.

- 싱클레어 루이스 -

신문사 4군데서 잘린 후 노벨상을 받았는데도 그것이 농담인 줄 알았던 사람

내가 싱클레어 루이스와 처음 만난 것은 몇 년 전을 거슬러 올라간다. 몇 년 전에, 그와 나는 6명의 다른 친구들과 함께 롱아일랜드의 프리포트에서 모터보트를 빌려 고등어 낚시를 하기 위해 몇 마일 밖의 바다로 나가곤 했다. 그 당시 나는 레드 루이스가 뱃멀미를 한 적이 없어서 놀라움에 경탄했다. 파도가 배를 쳐올리고 바다가 흔들려, 나는 구역질을 참기 위해 배 밑바닥으로 내려가곤 했다. 하지만 루이스는 그저 똑바로 앉아 그림같은 바다 위에서 낚시를 계속했다.

나는 이제 그의 낚시꾼 솜씨에 경탄하는 것이 아니라 (이제 나도 뱃멀미를 덜하게 되었다) 그가 너무나도 훌륭한 소설을 끊임없이 쓴 것에 경탄하게 된다. 만약 당신이 그것이 쉬운 직업이라고 생각한다면 한 번 직접 시도해보는 것이 좋을 것이다!

싱클레어 루이스는 1920년에 처음으로 대히트작을 썼다. 그 전에 그는 문학계에 아무런 파동도 주지 못한 6권의 책을 썼었다. 그의 7번째 소설은 〈메인 스트리트〉였고, 이는 토네이토처럼 전국적인 여파를 남겼다. 독서모임들은 이를 비난했고, 목사들은 이를 헐뜯었으며, 신문들은 이것이 미국인들에 대한 모독이라고 불렀다. 이 소설은 미국에 진정한 문학 전쟁을 일으켰다. 그리고 이 영향은 3천 마일 떨어진 유럽에서도 들렸다.

그 책은 그를 대번에 일류 문학 스타로 만든 것이다.

일부 비평가들은 이렇게 말했다. "글쎄요, 하지만 괜찮습니다. 그 똑똑한 건방진 인사는 다시는 똑같은 일을 반복할 수 없을 것이니까요."

오, 과연 그랬을까?

미네소타주의 소크 센터 출신인 이 빨간 머리의 소년은 다시 작업에 착수했다. 그로부터 그는, 글쎄, 나는 막 6권의 베스트셀러들을 '써 재꼈다'라는 표현을 쓰려고 했지만 싱클레어 루이스는 책을 막 써 재끼지는 않았다. 그는 세심하게 글을 쓰면서 끊임없이 다시 읽어가면서 다시 쓰기를 반복하기 때문이다.

그는 그의 소설 〈애로스미스〉를 위해 6만 단어의 개요를 썼다. 그것은 단순한 개요가 보통 소설의 절반 이상이었다는 것을 의미한다. 그는 한 번은 자본과 노동에 관한 소설을 12개월 동안 쓴 후에 그 원고를 휴지통에 버렸다.

그는 세 번이나 메인 스트리트를 새로 썼고, 그 소설을 끝내는 데는 정확히 17년이 걸렸다.

〈메인스트리트〉의 뒤를 이은 일련의 책들은 나온 즉시 베스트셀러 반열에 올랐다. 〈바비트〉에서부터 〈애로우스미스〉, 〈엘머 갠트리〉, 〈도즈워스〉, 〈앤 빅커스〉, 〈이곳에서는 있을 수 없는 일입니다〉까지.

나는 언젠가 싱클레어 루이스에게 그가 자신에 대해 알고 있는 가장 놀라운 사실을 말해달라고 부탁한 적이 있다. 그는 잠시 생각한 다음, 만약 그가 문학 작품을 하고 있지 않다면, 옥스포드에서 그리스어나 철학을 가르치거나 깊은 숲으로 나가서 많은 나무꾼들과 함께 살고 있었을 것이라고 말했다.

그는 1년 중 6개월 동안은 뉴욕의 파크 애비뉴에 사는 것을 좋아하지만, 나머지 6개월 동안은 벌링턴에서 남동쪽으로 80마일 떨어진 버몬트 산의 고립된 장소에 산다. 그는 메이플 단풍나무로 뒤덮인 3,400에이커의 농장을 가지고 있어 자신만의 메이플 시럽을 만들고 자신만의 야채를 키운다. 그리고 그는 이발이 필요할 때만 "시내 나들이"를 간다.

"레드, 유명해진 건 어떤 기분이야?" 라고 내가 묻자, 그는 이렇게 답했다. "아, 완전 귀찮지." 그는 만약 자신이 모든 편지에 답장을 써야 한다면 책을 쓸 시간은 물론이고 잠 잘 시간도 부족할 것이라고 했다. 그래서 그는 편지 대부분을 벽난로에 던져 버리고는 타는 것을 바라보고 있다고 말했다.

그는 사인 받으러 다니는 사람을 싫어하고, 대중 앞에서 거의 식사를 하지 않으며, 문학계 모임을 피했다.

내가 그에게 초반의 고난에 대해서 말하기 시작하자 그는 이렇게 말했다. "아, 이 작가라는 작자들이 초반에 얼마나 힘들었는지에 대해서 이야기하는 거 정말 짜증나. 미국의 작가들의 문제는 이들이 충분히 고생을 안 해봤다는 거야. 젊은 치과 의사도, 의사도, 변호사도 다 초반에는 힘들지. 작가라고 다를 게 있겠어. 하지만 작가들은 말을 더 잘하니까 자기들이 얼마나 힘들었는지 이야기하는 걸 좋아한다고."

나는 몇 년 동안 그가 아침 식사를 하기 두어 시간 전에 일어나서 부엌으로 나가서 커피를 끓이고 부엌 식탁에 글을 쓰곤 했다는 사실을 상기시켰다. 그리고 나는 그에게 그가 한때 150달러를 빌렸고, 요리와 세탁을 직접 하면서 6개월 동안 밤낮으로 일했는데, 그 기간 동안 그가 판 것은 2달러 짜리 농담 하나뿐이었다는 사실을 상기시켰다. 하지만 그는 그렇게 사는 게 어렵지는 않았다고 말하며, 그는 단지 자신의 직업을 배우고 있을 뿐이고 그의 인생에서 그 몇 년 동안보다 더 나은 시간을 보낸 적이 없다고 말했다.

나는 그에게 책을 몇 부나 팔았냐고 물어보았는데 그는 전혀 모른다고 답했다. "아니, 그래도 대충 얼마 정도였는지는 기억할 거 아냐." "글쎄 나는 하나도 모른다니까."

나는 그에게 다시 〈메인스트리트〉로 얼마나 벌었는지에 대해서 물었다. 그러자 그는 자기는 전혀 모르고 신경도 쓰지 않는다고 대답했다. 그는 자기 일은 변호사와 회계사가 전부 돌보고 있고 자신은 얼마나 돈을 버는지 신경을 써 본적이 없다고 했다.

그는 모든 종류의 경험을 했다. 그의 아버지는 미네소타의 대초원에서 시골 의사였고, 싱클레어 루이스는 그의 아버지가 수술을 하는 동안 때때로 환자에게 클로로포름을 건내 주었다. 그는 한때 가축 운반용 선박을 타고 대서양을 건너 일을 했고 일자리를 얻기 위해 파나마로 내려가는 조타기를 타고 여행을 한 적이 있다. 그는 어린이들을 위한 시를 썼고, 잭 런던에게 이야기 줄거리를 팔았고, 청각장애인들을 위한 잡지의 부편집장을 맡기도 했다.

그는 운동을 전혀 하지 않는다. 그는 조지 진 네이든과 동의하기를 택시 문을 열고 택시를 타는 것 정도면 도시에 사는 사람으로서 충분히 운동을 하는 거나 다름없다고 말했다.

그는 스포츠에도 아무 관심이 없었다. 베이브 루스가 그가 댈 수 있는 유일한 야구 선수 이름이고, 레드 그레인지가 그가 댈 수 있는 유일한 미식 축구 선수 이름이었다.

"자네는 처음 일했던 신문사 3사에서 잘리지 않았던가?"
"아니, 처음 일했던 4군데서 잘렸지."

나는 그에게 병아리 작가들에게 뭐라고 조언을 줄 수 있는 지 물어봤더니 그는 이렇게 말했다. "조언이라… 없는데." 그는 다른 사람에게 어떤 조언도 주는 것을 믿지 않았다.

어느 날 스웨덴 억양을 가진 사람이 그에게 전화하여 그에게 노벨 문학상을 탔다고 전해 줬다. 싱클레어 루이스는 미네소타에 많은 스웨덴 인들을 알고 있었고, 그래서 그는 이 전화한 사람의 억양은 좀 가짜같다고 생각했다. 그는 친구 중 한 명이 그를 놀리고 있다고 생각하여 상대방을 놀리기 시작했다.

몇 분이 지난 후, 싱클레어는 그것이 진짜 노벨문학상을 위한 전화라는 것을 깨닫고 당황했다. 바로 문학계에 있어서 가장 대단한 상인 그 상 말이다!

"미래가 없다"고 여겨져 거절당한 남자, 그 이름은 존 D.!

존 D. 록펠러는 세가지 놀라운 일을 해냈다.

첫번째로 그는 역사상 가장 많은 부를 축적했다. 그는 타는 듯한 태양 아래서 시간 당 4센트를 받는 감자 캐는 일로 시작했다. 그 당시 미국에서 1백만달러라도 재산이 있는 자는 한 손에 꼽을 정도였다. 하지만 록펠러는 적어도 10억에서 20억달러는 되는 재산을 모았다.

그런데 그가 처음으로 사랑에 빠진 여자는 그와 결혼하고 싶어하지 않았다. 그 이유는 그 여성의 모친이 록펠러 같이 미래가 암울한 남자에게 자신의 딸을 "버릴" 수는 없다고 했기 때문이다.

두번째로 놀라운 일은 록펠러 씨는 역사 전체를 통틀어 누구와 비교해도 7억 5천만 달러는 더 되는 금액을 기부했다는 점이다.

록펠러에 관한 세번째로 놀라운 일은 97세까지 생존했다는 일이다. 그는 미국에서 가장 혹독하게 미움받은 인물 중에 하나였다. 그는 사람들로부터 살해 협박의 내용이 담긴 편지를 수 천통씩 받았다. 그는 낮이고 밤이고 무장한 경호원들로부터 보호받아야 했다. 그는 그의 모든 광범위한 기업들을 세우고 운영하기 위해 어마어마한 신경적, 신체적 피로를 참아내야 했다.

사업의 피로는 철로 건설업자인 해리만을 61세에 사망하게 만들었다.

울워스는 그의 방대한 균일가 잡화 체인점들을 설립한 후 67세에 세상을 떠났다.

"벅" 듀크는 담배로 억 대의 돈을 벌었지만 68세에 사망했다.

하지만 록펠러는 울워스, 듀크, 해리만의 재산을 모두 합한 것보다 훨씬 더 많은 부를 얻었다. 그리고 이것을 기억할 필요가 있는데, 백인 남성 백만 명 중 단지 서른 명만이 97세까지 생존한다. 그리고 1억 명 중 어느 누구도 97세가 될 때까지 틀니가 필요없는 경우는 없었을 것이다. 하지만 록펠러는 97세에도 틀니를 하지 않았다.

그의 장수 비결은 무엇이었을까? 아마도 장수할 경향을 타고난 것도 있을 것이다. 이런 경향은 침착하고 차분한 기질 덕에 강화되었다. 그는 절대로 흥분하지 않았고 서두르지도 않았다.

그가 스탠다드 석유사의 대표이사였을 때, 브로드웨이 26번가의 그의 집무실에는 소파가 있었다. 그리고 무슨 일이 있던 그는 정오에 반드시 30분 동안 그 소파에서 낮잠을 잤는데, 그는 죽을 때 까지 계속 하루에 5번씩 그렇게 낮잠을 잤다고 한다.

존 D. 록펠러가 55세였을 때 신체에 문제가 생겼다. 하지만 이 일은 의학 역사에 있어서 가장 행복한 사건이었다. 왜냐하면 존 D. 록펠러는 자신의 병에 자극 받아서 의료 연구에 몇백만 달러를 투척했기 때문이다. 그의 건강이 나빠진 덕분에 록펠러 재단은 지금까지 전세계의 건강을 증진하기 위해 거의 매달 백만 달러 씩을 쓰고 있다.

1932년 심각한 유행성 콜레라가 돌고 있을 때 나는 중국에 있었다. 그 모든 가난과 무지와 질병이 한창일때 나는 북경 록펠러 의과대학에 가서 콜레라 예방접종을 받을 수 있었다. 그제서야 록펠러가 아시아와 외딴 지역에서 고통받는 인류를 위해 얼마나 많은 일을 하는지 알게되었다. 록펠러 재단은 지구상의 구충을 없애려고 했다. 록펠러 재단은 말라리아와의 싸움에 승리하는 중이고 그 의사들은 황열이라는 끔찍한 질병의 백신을 발견했다.

록펠러가 처음으로 1달러를 번 것은 어머니의 칠면조를 기르는 일을 도운 때이다. 그는 그 이후로도 세상을 뜰 때까지 자신의 어린 시절을 기억하기 위해 8천 에이커의 부지에서 훌륭한 칠면조 떼를 길렀다.

그는 칠면조를 돌보면서 받은 푼돈까지도 모두 깨진 찻잔에 모아 벽난로 선반에 보관해뒀다. 록펠러는 하루에 35센트를 받으며 농장에서 일했고 50달러를 모을 때까지 모든 임금을 저축했다. 그리고 나서 그는 그 50달러를 고용주에게 7%의 이자로 빌려주었고, 그 50달러에서 10일간의 고된 노동으로 그가 벌 수 있는 만큼의 돈을 1년 안에 벌 수 있다는 것을 발견했다.

록펠러는 결심했다. "그 순간 나는 돈의 노예가 되기 보다 돈의 주인이 되기로 마음 먹었습니다." 라고 그는 말한다.

록펠러는 그의 아들에게 너무 많은 돈을 주어 응석받이로 자라게 두지 않았다. 예를 들자면 그는 아들이 자택 부지 안에서 수리가 필요한 각각의 울타리 기둥을 찾을 때마다 울타리 기둥 하나 당 1페니 씩을 주었다. 록펠러의 아들이 하루는 13개의 울타리 기둥을 찾았는데 그 대가로 13센트를 받았다. 그러자 록펠러는 아들이 울타리 기둥을 고칠 경우 1시간 마다 15센트 씩을 주었고 그의 어머니는 아들이 바이올린 연습을 한 시간 할 때마다 5센트 씩을 주게 되었다.

록펠러는 한 번도 대학교를 간 적이 없다. 고등학교를 졸업하고 상업학교를 몇 달간 다녔을 뿐이다. 16살에 이미 그는 모든 학업에서 손을 뗐다. 하지만 그는 시카고 대학에 5천만 달러를 기부했다.

그는 언제나 교회에 열성적이었다. 젊었을 적 그는 주일학교에서 아이들을 가르쳤고, 춤을 추러 다니지도, 도박을 하지도, 극장을 다니지도, 흡연도 음주도 하지 않았다.

그는 모든 식사 전에 기도를 올리고 매일 성경 낭독을 들었다. 또한 그는 매일 영혼이 고양되는 메시지가 포함된 시와 기도가 담긴 책의 낭독을 들었다.

록펠러의 재산은 여전히 분당 대략 100달러의 비율로 증가하고 있지만, 그의 유일한 큰 야망은 한 세기에 마무르는 삶을 사는 것이었다. 록펠러는만약 자신이 1939년 7월 8일에 백세가 되도록 살아있다면 포칸치코 힐스의 자신의 부지에서 밴드를 만들 것이라고 말했다. 그리고 그 밴드가 연주할 노래는 "매기, 너와 내가 젊었을 때." 였다.

겨우 4년 밖에 학교를 다니지 않았지만 불멸의 소설 17편을 쓴 작가

1843년, 크리스마스 즈음에 런던에서 작은 책 하나가 발간되었다. 그리고 그 책은 영원해질 운명을 가지고 태어났다.

많은 사람들이 이 책을 "세상에서 가장 위대한 작은 책"이라고 불렀다. 이 책이 처음 등장했을 때, 스트랜드가나 펠멜가에서 만난 친구들은 끼리끼리 "그 책 읽어봤어?"라고 물었고, 대답은 항상 "응, 읽어봤지. 작가에게 축복이었다."

그 책이 출판된 날, 하루만에 천 부가 팔렸다. 그리고 보름만에 출판사는 서둘러 1만 5천 부를 더 찍어냈다. 셀 수 없이 많은 판본이 나왔고, 하늘 아래 존재하는 대부분의 언어로 번역되었다.

세계적으로 유명해진 이 책은 바로 찰스 디킨스의 〈크리스마스 캐럴〉이다.

찰스 디킨스는 영국 문학에서 가장 많은 작품을 쓰고 가장 사랑받는 작가가 될 운명이었다. 그러나 그런 디킨스도 처음 글을 쓰기 시작했을 때는 사람들로부터 비웃음을 사는 것이 너무 두려워서 그가 감히 글을 썼다는 사실을 아무도 발견하지 못하도록 밤중에 몰래 우편으로 첫 번째 원고를 보냈다.

그 때 그는 22살이었는데, 그 이후 처음으로 자신의 이야기가 출판되자 디킨스는 너무 기뻐서 눈물을 줄줄 흘리며 길거리를 하염없이 거닐었다고 한다.

그러나 그렇게 출판된 이야기로 디킨스는 한 푼도 받지 못했다. 그리고 그 후 그가 쓴 8개의 이야기가 있는데, 이 이야기들로 그가 얼마나 벌었을 것이라고 생각하는가? 이 역시 한 푼도 받지 못했다.

디킨스가 드디어 자기가 쓴 이야기로 처음으로 제대로 된 돈을 받은 때, 그가 받은 돈이라고는 총 5달러 정도에 달하는 수표 한 장에 불과했다. 그렇다. 그 찰스 디킨스의 첫 이야기가 번 돈은 고작 5달러였다. 하지만 그가 마지막으로 쓴 원고에서 그는 한 단어당 15달러를 받게 되었다. 이는 역사 상 모든 작가들을 통틀어서 가장 높게 책정된 원고료이다! 한 단어에 15달러라니! 그것은 캘빈 쿨리지와 테오도르 루즈벨트가 받았던 원고료에 정확히 15배 되는 가격이다.

대부분의 작가들은 죽은 지 5년 만에 무시당하고 잊혀진다. 그러나 디킨스가 죽은 지 63년 후에도 출판사들은 디킨스가 자기 자녀들을 위해 쓴 작은 책인 예수님에 대한 이야기를 사기 위해 20만 달러 이상 지불했다.

찰스 디킨스는 평생 4년 이상 학교에 다닌 적이 없다. 그러나 그는 영어로 된 가장 위대한 소설 중 17권을 썼다. 그의 부모님은 학교를 운영했지만 그는 학교에 가지 않았다. 왜냐하면 그 학교는 젊은 여성들을 위한 학교였기 때문이다. 아니면, 적어도 그런 것으로 되어 있었다. 학교라고 알려진 그 건물 현관문 밖에는 '디킨스 부인 시설'이라는 문구가 적힌 놋쇠 현판이 1년 내내 걸려 있었는데, 런던 전체를 통틀어서 그 기관에서 교육을 받은 여성은 하나도 없었던 것 같다.

청구서는 쌓이고도 밀려 들어왔다. 채권자들이 사정을 하고 욕도 해가며 테이블을 두드리기 일쑤였다. 결국 지독하게 성에 찬 사람들이 디킨스의 아버지를 불법 채무자로 감옥에 보내 버렸다.

찰스 디킨스의 유소년기는 칙칙하고 불쌍했다. 아니, 그보다 더해 비참했다. 그의 아버지가 감옥에 들어간 것은 그가 겨우 10살 때 였고, 그의 가족은 아무것도 먹을 것이 없었다. 그래서 매일 아침 어린 찰스 디킨스는 전당포로 가서 집에 그나마 남아있는 가구 몇 점을 팔아야 했다.

그는 그의 유일한 벗이었던 애정하는 책들도 10권 정도 팔아야 했다. 후에 디킨스는 "내 책을 팔았을 때 가슴이 찢어지는 것 같았습니다."라고 말했다.

결국 디킨스의 어머니는 아이들 넷을 데리고 감옥에 있는 남편과 함께 살기로 했다. 해가 뜰 무렵에 어린 찰스는 감옥으로 가서 가족들과 하루 종일 시간을 보냈다. 밤에는 음침한 다락방으로 다시 터덜터덜 돌아가 런던의 빈민가에서 온 부랑아 같은 두 소년들과 함께 잠을 잤다.

그 두 소년이 어린 찰스 디킨스의 삶을 진정한 지옥으로 만들어 놓았다. 마침내 그는 쥐가 들끓는 창고에서 검은 도료병에 라벨을 붙이는 일을 얻었다. 그렇게 처음 번 돈 몇 푼으로 그는 다락의 구석에 더러운 침구 더미가 쌓여 있는 어둡고 작고 누추한 다른 방을 빌렸다. 그럼에도 불구하고 찰스 디킨스는 그 작은 소굴같은 방이 "마치 천국과 같았다"라고 했다.

그 후, 작가가 된 디킨스는 올리버 트위스트가 빈 죽그릇을 내밀며 더 달라고 애걸하는 잊을 수 없는 초상을 만들어 내어 자신의 어린 시절에 대한 복수를 한다.

디킨스는 완벽하게 화목한 가정의 모습을 여러 번 생생하게 묘사한 바 있다. 하지만 그 자신의 결혼은 실패, 음울하고 비극적인 실패였다. 그는 사랑하지 않는 사람과 23년 동안 결혼 생활을 유지했다. 그에게는 자식이 10명이 있었다. 그럼에도 해가 갈 수록 그의 고통은 깊어지기만 했다. 전세계가 그를 추앙했지만 그의 집안 자체는 심적 고통으로 가득했다.

결국 디킨스에게 그 고통은 너무나도 날카롭고 매서워져 더 이상 버틸 수 없을 지경에 이르렀다. 그리하여 그는 지극히 보수적인 빅토리아 시대에 들어본 적이 없는 일을 했다. 자신의 잡지에 아내와 이혼 했다고 선언하는 공고를 발표한 것이다. 거기서 디킨스는 얼마나 자신에게 책임을 돌렸을까? 조금도 자신의 책임은 없다고 했다. 모든 책임을 전 아내에게 모조리 전가한 것이다.

디킨스는 매우 후한 사람으로 여겨졌다. 그러나 그가 죽었을 때, 디킨스는 그의 처형에게는 20만 달러에 해당하는 금액을 유산으로 남겼지만, 그의 자식들의 친모인 전 아내에게는 얼마나 남겼는지 아는가? 일주일에 겨우 35달러 씩 받도록 했다!

그는 마치 이국적인 공작새처럼 허영이 심했다. 조금이라도 비판을 받으면 디킨스는 머리 꼭대기까지 성이 나기 일쑤였다. 그리고 그는 자신의 눈에 띄는 외모를 자랑스러워 했다. 디킨스가 1842년 처음으로 미국에 도착했을 때, 그는 시뻘건 조끼와 연한 하늘색 오버코트로 대중을 현혹시켰다. 디킨스는 공공장소에서 머리를 빗음으로써 미국인들을 충격에 빠뜨렸지만, 미국인들은 뉴욕 도시의 거리 한가운데 돼지들이 뛰어다니도록 내버려 둠으로써 디킨스를 충격과 공포에 빠뜨렸다.

디킨스는 그가 살아있던 당시 가장 사랑받고 가장 숭배되었던 인물일 것이다. 그가 두번째로 미국을 방문했을 때, 사람들은 입장권을 사기 위해서 바람 속에서 떨며 몇 시간씩 줄을 서서 기다렸다. 브루클린에서는 디킨스가 말하는 것을 듣기 위한 행사의 3달러 짜리 표를 사기위해 사람들은 밤새 모닥불을 피우고 거리에 매트리스를 깔고 누워 동상과 폐렴에 걸릴 위험까지 무릅썼다. 표가 매진되어 수백 명의 사람들이 그냥 돌아가야 하는 사태가 발생했을 때, 디킨스의 팬들은 실제로 폭동을 일으키기까지 했다.

문학의 역사는 모순된 인물들로 가득 차 있지만 전체적으로 볼 때, 찰스 디킨스는 그러한 인물들 중 가장 놀라운 인물일 것이다.

- 다이아몬드 짐 브래디 -
신부를 위해서 백만 달러를 제안한 남자

브로드웨이의 하룬 알 라쉬드인 다이아몬드 짐 브래디는 1차 세계대전 중에 사망했고, 그의 죽음으로 그레이트 화이트 웨이의 가장 놀라운 현상 중 하나가 사라졌다. 브래디는 살아 있는 동안, 옛 로마 황제들이 나이팅게일의 혀로 식사를 하던 시절 이후로 가장 미친 듯한 파티를 열었다. 때때로 그는 동네 다섯 개의 다른 지역에서 한꺼번에 다섯 개의 파티를 열었다. 때때로 이 파티들은 17시간 동안 열렸고, 매 회마다 10만 달러의 비용이 들었다. 그는 손님들에게 집으로 가져갈 기념품을 선물하는 것을 좋아했는데, 각각 1,000달러 상당의 다이아몬드 브로치나 다이아몬드 시계와 같은 작은 소품과 기념품이었다.

'브로드웨이의 신나는 시간 찰리'라고 불린 다이아몬드 짐은 그의 아버지가 뉴욕의 항구에서 운영하던 술집 위의 값싼 아파트에서 태어났다. 그는 그의 동요를 배우기도 전에 병에서 코르크 마개를 따는 것을 배웠다. 그러나 그 자신은 한 번도, 그의 인생에서 술 한 방울도 마신 적이 없다. 그가 브로드웨이에서 최고로 군림하던 몇 년 동안, 그는 술에 수백 달러를 낭비했고, 서반구의 다른 어떤 사람들보다 더 많은 샴페인과 라인 와인을 샀지만, 그는 그 모두를 친구들에게 주었다. 그들이 흥청망청 술을 마시는 동안 다이아몬드 짐은 곁에 앉아 루트비어 14~15개로 갈증을 해소했다.

 그는 113kg이었고, 먹는 것을 매우 좋아했다. 그는 매일 밤 15가지 코스로 저녁을 먹었고 메인 메뉴는 거의 항상 두세번 씩 더 먹었다. 그 후 그는 450그램 정도의 초콜릿을 먹고는 극장에 박하사탕 한 박스를 가지고 갔다. 그는 매주 그의 친구들에게 수백 상자의 사탕을 보냈다. 그 과자값만 해도 한 달에 평균 2~3000 달러였다. 그는 차와 커피를 싫어했지만 오렌지 주스에 대한 열정은 대단했다. 그는 아래턱 밑에 냅킨을 집어넣기도 전에 오렌지 주스를 1갤런이나 마셨고, 종종 식사 중에 또 1갤런을 게걸스럽게 마셨다. 한번은 그는 한번에 닭 6마리씩 먹었다. 이것은 환상적으로 들리지만, 그의 노년에 수술을 받게 되었을 때, 의사들은 그의 위가 정상적인 크기의 위보다 6배는 되는 것을 발견했다.

짐 브래디는 어떻게 백만장자가 되었을까? 그는 미국이라는 항상 긴장을 유지해야 하는 나라가 배출한 판매원 중 가장 출중한 판매원 중 한 명이었다. 게다가, 그는 운이 좋았다. 그에게 기회가 있었던 것이다. 그는 미국 철도 위로 나무로 된 객차만 다니던 초창기에 강철로 된 객차를 팔기 시작했다. 미국은 팽창하고 있었다. 철도는 바다에서 바다로 그리고 캐나다에서 걸프로 올가미 밧줄처럼 던져지고 있었다.

그가 처음 강철 객차를 팔기 시작했을 때, 이는 아직 실험 단계에 있었다. 아무도 이것을 원하지 않았다. 그래서 그는 나중에 놀라운 계약으로 판명된 계약을 따냈다. 이 계약에서 그는 팔린 모든 객차에 대해 33.3333%의 수수료를 받았다. 곧 미국의 모든 철도는 강철차를 찾게 되었다. 그리고 그들은 손에 모자를 들고 다이아몬드 짐 브래디에게 굽실거려야했다. 그 당시 그는 경쟁자가 없었기 때문입니다. 그래서 그는 강철 객차를 팔아서 1200만 달러를 벌었다. 그는 그 시대의 산물이었다. 만약 그가 50년 후에 태어나 오늘날 철강 객차를 팔려고 했다면, 그는 식비조차 없었을지도 모른다.

다이아몬드 짐은 바넘 시대 이래로 들어본 것 중 가장 이상한 홍보행위 중 하나로 스코헤건에서 산타페까지 유명해졌다. 그는 말그대로 그의 몸 전체를 다이아몬드로 장식했던 것이다. 그는 그 달 매일 다른 것으로 바꿔 끼울 수 있는 보석 세트를 가지고 있었고, 하루에 6~7번이나 장신구를 갈아 끼웠다. 그는 2,548개의 반짝이는 다이아몬드와 19개의 루비에 뒤덮혀서 브로드웨이를 거닐곤 했다. 그는 자전거와 모터를 상징하는 스터드와 엔진과 화물 트럭처럼 만들어진 커프스 링크가 달린 값비싼 셔츠를 입었다.

그는 돈을 쓰기 위해 터무니없는 짓을 했다. 그는 뉴저지에 농장을 가지고 있었는데, 그곳에서 갈라 행사 때마다 금박을 입힌 통에 젖소 젖을 짜 넣었다. 그의 당구대에는 코넬리안과 라피스라줄리가 상감되어 있었다. 그의 포커 칩은 오닉스와 자개로 만들어졌다. 그는 실내 장식가에게 33만 달러 이상을 지불하고 그의 집에 가구를 사 넣었고, 매년 그의 모든 가구를 그의 친구들에게 나누어주고는 그 자신은 새로운 가구들을 샀다.

그는 배우 릴리언 러셀에게 금으로 도금하고 수백 개의 다이아몬드, 루비, 사파이어, 에메랄드가 박힌 자전거를 선물했다. 그리고 릴리언이 자전거를 타고 5번가를 올라갔을 때, 교통 상황은 말도 못하게 되었다!

다이아몬드 짐은 5천 개의 손수건과 200벌의 옷을 가지고 있었고, 그는 프록코트와 실크모자 없이는 대중 앞에 모습을 드러내는 것을 결코 허락하지 않았다. 비록 그를 보는 이는 프레리도그들 외에는 아무도 없는 서부 선로를 따라 손수레를 타고 내려가고 있을지라도, 다이아몬드 짐은 마마도 여전히 프록코트와 실크 모자를 쓰고, 다이아몬드가 박힌 지팡이를 들고 있을 것이다.

다이아몬드 짐의 위가 일반인의 6배라고 한다면, 그의 심장도 그러했다. 수년 동안, 그는 힘든 삶을 살아온 이야기를 가지고 그에게 온 거의 모든 사람들에게 아낌없이 돈을 빌려주었다. 그는 그 돈의 대부분을 받지 못할 것을 알고 있었다. 그렇지만 그는 신경쓰지 않았다. "호구가 되는 일은 재밌는 일이에요. 돈만 충분히 있다면." 이라고 그는 말했다.

그가 죽을 것을 알았을 때, 그는 그가 2만 달러에 해당하는 각서와 차용증을 가지고 있다는 것을 발견했는데, 그가 마지막으로 한 일 중 하나는 자신이 죽은 뒤 채권집행자들이 그것들을 찾으려 하지 않도록 하기 위해 그의 모든 각서와 차용증을 파괴하는 것이었다.

"내가 죽으면 죽는 거지. 하지만 내가 죽은 뒤에 사람들 괴롭히는 짓은 하고 싶지 않아."

그가 죽었을 때, 그는 거의 모든 재산을 자선단체에 남겼다. 그의 다이아몬드, 루비, 에메랄드는 약 2백만 달러의 가치가 있는 것으로 추정되었다. 이것들은 원래 세팅되어 있던 장신구에서 꺼내져 반지에 박아 다시 팔렸다. 그래서 오늘날 많은 여성들은 자신도 모르는 사이에 다이아몬드 짐의 넓은 매력을 돋보이게 한 보석들을 손에 끼고 있을 것이다.

모두가 다이아몬드 짐을 "사랑"했지만, 그는 언제나 독신이었다. 그는 릴리안 러셀의 무릎에 백만 달러를 늘어 놓으며 청혼을 했지만 그녀는 거절했다. 그 즉시 그는 말했다. "세상에 나같이 못생긴 남자와 결혼하고 싶어하는 여자는 없을 거야."그리고 그는 테이블에 머리를 기대고는 어린아이처럼 울었다.

그녀는 6천 5백만 달러의 재산을 늘리기 위해 아침 신문을 재판매하고 7월의 태양에서 누더기를 분류하는 데 몇 시간을 보냈다

한때 헤티 그린은 미국에서 가장 부유한 여성이었다. 그녀가 죽었을 때, 그녀는 적어도 6500만 달러, 어쩌면 1억 달러까지의 재산이 있었다. 하지만 일반 청소부들도 헤티 그린이 입었던 것보다 더 좋은 옷을 입고, 더 좋은 저녁을 먹고, 더 좋은 침대에서 잠을 잤을 것이다.

그녀의 수입은 1분당 5달러, 즉 1시간에 300달러였다. 하지만 그런데도 그녀는 2센트에 신문을 사고 그것을 읽은 뒤, 그걸 다시 되팔았다.

추운 겨울날, 그녀는 종종 따뜻하게 하기 위해 신문지로 옷을 덧대었다. 그녀는 철도 두 대, 그리고 거기에 속한 자물쇠, 주식, 들이통까지 다 샀고, 미국의 거의 모든 철도의 채권을 소유했다. 그러나 그녀가 기차 여행을 할 때, 그녀는 비싼 침대차를 타지 않고, 일반석에 앉아 밤을 새웠다.

한번은 그녀가 저녁 파티를 위해 보스턴의 파커 하우스에 그녀의 친구들을 초대했다. 모든 사람들은 그것이 대단한 사건이 될 것이라고 예상했다. 숙녀들은 이브닝 랩을 입고 나타났고, 신사들은 디너 코트를 입었다. 그러나 그녀의 손님들이 도착한 후, 헤티는 그들을 호텔 밖으로 데리고 나가 저렴한 하숙집까지 먼 거리를 걸어가 25센트짜리 저렴한 저녁 식사를 대접했다.

그녀가 가끔 보스턴에 가게 되면 헤티 그린은 파이 앨리에 있는 콩 한 접시는 3센트이고 파이 한 조각은 2센트하는 저렴한 식당에서 밥을 사 먹었다. 그녀의 수입은 초당 8센트가 넘었는데, 그말은 곧 수입에 맞춰서 먹는다면 그녀는 거기서 파이 1초에 4조각은 먹을 수 있었다는 뜻이다.

헤티 그린이 78세에, 한 신문 기자가 그녀의 건강의 비결이 무엇인지 물었다. 그녀는 매일 아침 안심 스테이크, 감자 튀

김, 차 한 잔과 약간의 우유를 먹고 구운 양파를 씹어 스테이크와 우유에 있는 세균을 죽인다고 말했다. 불행하게도, 그녀는 양파의 세균을 죽이기 위해 무엇을 씹었는지에 대해서는 말하지 않았다.

1893년의 찌는 듯이 더운 날에. 헤티 그린은 아버지로부터 물려받은 창고의 다락방으로 기어 올라갔다. 7월의 태양은 철제 지붕 위에서 끓어올라 다락방을 하데스의 지옥불보다 겨우 조금 덜 덥게 만들었다. 하지만 헤티 그린은 그 엄청난 더위 속에서 몇 시간 동안 일했다. 그녀는 거기서 무엇을 하고 있었던 것일까? 바로 하얀 천조각을 색깔 천조각에서부터 골라내는 일이었는데, 그 이유는 폐품팔이 장수가 하얀 천조각 1파운드를 1센트 씩 사갔기 때문이다!

그녀는 월가에서 자신의 투자 물품들을 살피기 위해 대부분의 시간을 보내야 했다. 그것은 위험한 일이었고, 그녀는 그것을 알고 있었다.

헤티 그린은 뉴욕시에서 아파트를 하나 빌리면, 아니면 뉴욕 주 안에서 가구 한 점이라도 사면 세금 징수원들이 날아들어 그녀로부터 매년 3만 달러의 세금을 내게 할 것이라는 사실을 깨달았다. 그래서 세금을 피하기 위해 그녀는 싼 숙소에서 다른 싼 숙소로 옮겨가며 살았다. 그녀의 가장 친한 친구도 대개 그녀가 어디 숨어있는지 몰랐다. 그녀는 가명을 쓰고, 누더기 옷을 입고, 짐을 너무 적게 들고 다녔기 때문에 그녀를 수상쩍게 여긴 집주인들은 종종 그녀에게 하룻밤 숙박비를 미리 지불하게 했다.

그녀가 더 나이를 먹자 기적이 일어났다. 한 친구가 그녀에게 미용 목적으로 300달러를 쓰게 한 것이다. 그 미용 시술을 한 번 받을 때마다 1년씩은 젊어 보이게 된다고 장담했다.

헤티 그린은 어떤 사기꾼이 수표에 자기 서명을 위조할까봐 항상 두려워했기 때문에, 그녀는 필요하지 않는 한 절대로 서명하지 않았다. 그녀는 우편물을 통해 그녀에게 온 모든 봉투들을 저장했고, 이 봉투들의 뒷면에 그녀의 메시지를 썼다. 그것으로 그녀는 자신의 이름을 서명할 필요가 없어졌다.

나의 친구인 보이든 스파키즈는 〈돈을 사랑한 여인, 헤티 그린〉란 헤티 그린의 전기의 공동저자이다. 그는 헤티 그린이 뉴욕에 있는 화학 국립 은행에 엄청난 돈을 예치해 두곤 했기 때문에 그곳에서 편히 지냈다고 말했다. 그녀는 그녀의 트렁크와 여행가방을 은행에 맡겼고, 그녀의 오래된 드레스와 먼지투성이의 덧신을 금고에 보관했다. 그녀는 오래된 말 한 마리용 마차를 은행으로 가져와 바퀴를 떼어 은행 2층에 보관했다. 그리고 그녀가 호보켄의 아파트를 포기했을 때는 그 아파트에서 가져온 가구들을 은행에 보관했다.

그렇지만 그녀는 매우 마음이 따뜻한 사람이었다. 예를 들어, 은행에 짐꾼이 있었는데, 그는 창문을 닦고 심부름을 하고 부랑자처럼 보이는 노인이었다. 어느 날 은행은 그를 해고했고, 헤티 그린은 그가 너무 불쌍해서 거의 1주일 동안 그에게 다른 일자리를 찾아 줬다.

그녀는 81세의 나이로 중풍으로 사망했는데, 그녀가 마지막으로 병상에 있던 중에 그녀를 돌보던 간호사들은 흰 제복을 입지 못하도록 했다. 그들은 헤티가 그들이 평범한 하인이라고 생각할 수 있도록 일반적인 드레스를 입었다. 만약 헤티 그린이 그들이 값비싼 훈련을 받은 간호사라고 의심했다면 그 노부인은 평화롭게 죽을 수 없었을 것이기 때문이다.

세계에서 가장 유명한 여성
체온을 보존하기 위해서
의자 밑에서 잠을 자던 과학자

마리 퀴리, 몇 천년은 기억될 몇 안되는 이름들 중 하나일 이 여성은 당대의 대단한 과학자들도 불가능할 것이라고 생각한 것을 발견한 사람이자, 그저 소심한 폴란드 사람이었다. 그녀는 학계에 알려져 있던 어떤 다른 원소와 확연히 다른 새로운 원소를 발견했다. 이 원소는 끊임없이 에너지를 방출하는 것으로 그녀는 이를 라듐이라고 칭했다.

라듐의 가장 큰 공헌은 인류의 끊임없는 암과의 전쟁에 있다. 수많은 암환자들이 라듐 덕에 완전히 암을 극복하였거나 엄청난 고통에서 벗어나 수명을 몇 년은 더 늘리게 된 것이다.

훗날 마리 퀴리가 되는 마리 스클로도브스카는 파리 대학에서 물리학과 수학을 배우는 동안 너무나 가난하여 허기에 쓰러진 적이 있다. 그런 그녀의 일대기를 52년 후 미래에 영화 제작사에서 백만 달러도 넘는 돈을 들여 영화로 만들게 된다는 사실을 본인이 알았다면 얼마나 놀랐을까! 그런 자신이 미래에 당시 세계 역사상 유일하게 과학계에서 두 개의 노벨상을 타게 된다는 사실을 예견할 수 있었더라면 그녀는 얼마나 놀랐을까! 첫번째 노벨상은 1903년 물리학에서의 뛰어난 성과로 받은 것이고 두번째 노벨상은 1911년 화학에서 낸 성과로 받은 것이다.

하지만 마리 스클로도브스카는 어린 시절 본국인 폴란드에서 거만하고 부유한 가족에 의해 모욕당한 일이 없었더라면 과학자가 되거나 라듐을 발견하는 일이 없었을 지도 모른다. 그 이야기는 다음과 같다.

그녀가 19살 때의 일이다. 마리는 폴란드의 부유한 가정에 그들의 10살 짜리 딸을 돌보고 공부를 도와주기 위해서 고용되어 있었다. 그 집안의 첫째 아들이 대학에서 공부를 하다 크리스마스 휴일을 맞아 집에 돌아왔을 때, 그는 이 새 가정교사와 춤추고 스케이트를 타고는 했다. 그 아들은 마리의 아름다운 태도와 톡톡튀는 위트, 그리고 말씨에 반한 것이다. 그는 마리와 사랑에 빠졌고 그에 이어 청혼을 했다. 하지만 그의 모친은 자신의 아들이 마리에게 청혼했다는 소식을 듣고 반쯤 실신했고 그의 부친은 노발대발했다.

어찌! 자신의 아들이 돈 한 푼 없는 여자에게 청혼을 하다니! 집안도 변변치 않고 다른 집에 고용된 자를 상대로!

이런 난데없이 낯부끄러운 봉변을 당한 마리는 당황한다. 너무나 당황한 나머지 그녀는 결혼에 대한 모든 생각을 접고 파리로 가 과학 연구에 인생을 바치기로 결심하기에 이른다.

당시에는 마냐 스클로도브스카라는 이름으로 불렸던 이 젊은 폴란드 여성은 1891년 파리 대학에 과학 과정을 등록하였다. 그녀는 너무 수줍고 소심해서 친구를 만들기도 어려웠지만 그보다도 너무나 성실해서 친구를 만날 시간도 없었다. 어느 한 순간도 공부에 봉헌할 수 없는 시간을 마리는 잃어버린 시간이라고 여겼다. 그 후 4년간 마리는 가정교사를 하면서 모은 적은 돈과 폴란드에서 수학 교사를 하는 아버지가 가끔 보내줄 수 있는 몇 루블로 살아야 했다. 집세와 식비, 의류비, 난방비, 그외 대학에서 써야 하는 비용을 포함해서 하루에 쓸 수 있는 돈은 60센트 정도였다. 그녀의 방에 유일한 창문은 지붕으로 나 있는 채광창이었다. 그 방은 가스도 들어오지 않았고, 전깃불도 없었으며, 이 보다 천 배나 안 좋은 단점은 난방도 들어오지 않는 것이었다. 마리는 겨우내 겨우 석탄 2부대밖에 살 형편이 되지 않았다.

소중한 석탄을 아끼기 위해서 마리는 종종 겨울밤 스토브를 켜지 않고 얼어붙어 감각이 없는 손가락과 덜덜 떨리는 어깨로 수학 문제를 풀고는 했다. 그리고 침대에 들어가기 전에 그녀는 여행가방을 열어 수건과 베갯잇, 침대 시트, 여분 드레스와 다른 모든 것들을 침대 위로 올려서 체온을 보존했다. 하지만 그래도 여전히 추웠다. 가끔 그녀는 의자가 어떻게든 조금이라도 온기를 더해주기를 바라면서 침대 위로 의자를 올려 그 밑에서 자고는 했다.

요리할 음식이 얼마 없었던 것도 있었지만 마리는 그 적은 음식을 요리하는 데 시간을 보내는 것도 공부를 할 소중한 시간을 허비하는 것이라고 느꼈다. 몇 주 동안 그녀는 단지 작은 빵과 버터, 약한 홍차로 버텨갔다. 그녀는 종종 어지럼증을 느끼고 침대 위로 쓰러졌으며 정신을 잃기도 했다. 정신이 돌아오면 그녀는 '내가 왜 기절했지?'라고 자문했다. 마리는 자신이 더디게 진행되는 기아에 시달리고 있다는 사실을 인정하지 않았다. 한 번 그녀는 수업 중이던 교실에서 쓰러졌다. 정신을 차렸을 때 그녀는 의사에게 자신이 며칠 간 체리 몇 알과 순무만 먹으면서 지냈다는 사실을 시인했다.

하지만 작은 다락방에 사는 이 학생을 너무나 안타까워할 필요는 없다. 그녀는 10년 후에 세계에서 가장 유명한 여성이 될 것이니까.

마리는 너무나도 공부에 몰두했고 지식에 대한 갈망에 사로잡혀 허기도 그녀를 멈출 수 없었고 추위도 속에서 타오르는 불길을 식히지 못했다.

파리에 당도한 지 3년 만에 마냐 스클로도브스카는 자신을 유일하게 행복하게 해 줄 수 있는 남자를 만나 결혼하게 된다. 그 남자 역시 마냐와 같이 온전히 과학에 몸 담은 사람으로, 피에르 퀴리라고 불리는 사람이었다. 그 남성은 35살 밖에 되지 않았지만 프랑스에서 널리 알려진 과학자 중 하나였다.

그들이 결혼 한 날 가진 모든 재산은 자전거 두 대 정도였다. 갓 결혼한 그들은 프랑스의 시골 전역을 자전거를 타고 다니며 빵과 치즈, 과일로 점심을 때우고, 밤은 빛 바랜 벽지에 아른 거리는 촛불 그림자가 지는 마을 여관에서 보내며 신혼여행을 했다.

3년 후 마리 퀴리는 박사 과정을 준비하기 시작했다. 철학 박사 학위를 받기 위해서 그녀는 독창적인 과학 연구를 하여 그에 대한 보고서를 작성해야 했다. 마리는 그 당시 새로이 밝혀진 신비인 우라늄이란 금속은 왜 스스로 빛을 내는지에 대해서 해답을 찾는 데 자신의 연구를 바치기로 결심했다.

이것은 위대한 과학 탐험의 시작이자, 화학의 놀라운 신비에의 여행의 시작이었다.

퀴리 부인은 모든 알려진 화학 조성을 실험했고, 수 백가지 광물 중에 우라늄과 같이 신비한 빛을 내는 것이 있는 지 발견하기 위해 이것들을 테스트했다. 그리고 그녀는 마침내 그러한 강력한 빛은 알 수 없는 성분에 의해 우주에 내던져진 것이라는 결론을 내렸다.

결국, 퀴리 부인의 남편인 피에르 퀴리는 마리 퀴리의 이 신비한 새 성분을 찾기 위한 연구를 돕기 위해 자신의 연구를 그만두기에 이르렀다.

몇 달간의 연구 끝에 퀴리 부인과 그녀의 남편은 과학계에 폭탄선언을 하게 된다. 그것은 자신들이 우라늄의 방사선보다 2백만 배는 더 강한 방사선을 방출하는 금속을 발견한 것 같다고 한 것이다. 이 방사선은 너무나도 강해서 나무, 돌, 강철, 구리도 뚫을 수 있고, 이 경이로운 금속에서 나오는 방사선은 오직 아주 두꺼운 납 판으로만 막을 수 있다는 것이다. 만약 이 발견이 사실이라면 이는 과학자들의 몇 세기 동안 믿어온 근본적인 학설들을 뒤엎는 것이 될 것이었다.

그들은 이 경이로운 성분을 라듐이라고 이름지었다.

이것과 조금이라도 비슷한 성분은 알려지지 않았었다. 라듐은 모든 다른 금속들과 너무나도 파격적으로 달랐기 때문에 어떤 멀쩡한 정신의 과학자라도 그런 금속이 존재하는지 여부에 대해서 의문을 가질 수밖에 없었다. 그들은 증거를 요구했다. 그 과학자들은 자신들에게 순수한 라듐을 제시하면 우리가 그것을 보고 실험하고 원자량을 발견하겠다고 말했다.

그리하여 퀴리 부인과 그의 남편은 다음 4년 간 (1898년부터 1902년까지) 라듐의 실재를 증명하기 위해 노력했다. 4년간 작은 완두콩의 절반 정도가 겨우 넘는 사이즈인 1데시그램의 라듐을 생산하기 위해서 노력한 것이다.

그렇다면 그 생산과정은 어떠했는가? 8톤 짜리 광석을 끓이고 정제하는 과정을 통해서였다. 그들은 이전에 의대생들이 해부를 하기 위해서 쓰다가 그나마도 용도에 맞지 않다고 여겨져 버려진 작업장에서 이 모든 일들을 했다. 그 작업장에는 바닥도 없었고, 지붕은 물이 새고, 스토브는 오래되어 소용이 없었다. 겨울이 되면 작업장은 바깥이나 다름없이 추웠다. 광물을 끓일 때 나오는 쓰디 쓴 연기는 퀴리 부인의 눈을 따갑게 하고 기도를 매캐하게 했다. 4년간 퀴리 부인과 그 남편은 그 절망적인 작업장에서 일을 한 것이다. 남편 피에르는 결국 의기소침해져서 좀 더 좋은 때가 오기까지 연구를 그만두고자 했다. 하지만 퀴리 부인은 그만두기를 거부했다. 그래서 그들은 1데시그램의 라듐을 실제로 얻을 때까지 계속해서 노력했다.

그 발견의 결과, 퀴리부인은 지구상에서 가장 유명하고 뛰어난 여성으로 자리잡게 되었다. 하지만 그런 영광과 명예의 나날이 그녀에게 있어 가장 행복한 때였을까? 아, 그렇지 않다. 마리 퀴리는 자신에게 있어 가장 행복했던 날은 그 낡은 작업장 땅바닥에서 가난에 찌들어 일한 때가 가장 행복한 때였다고 말했다. 자주 추위에 떨며 가끔은 피로에 쓰러졌지만 온전히 자신이 사랑하는 일에 심신을 바친 그 해들 말이다.

1902년 마리 퀴리와 그의 남편은 부유하게 될 것인지 아니면 과학 연구의 이타적인 이상에 충실할 것인지 정해야 했다. 그 때에는 이미 라듐이 암을 치료하는 데 있어서 더없이 유용하다는 사실이 밝혀졌다. 라듐에 대한 수요는 점점 늘고 있었고 이를 제조하는 법은 퀴리 부인과 그 남편 외에는 세상 어느 누구도 몰랐다. 그들은 라듐을 추출하기 위해 자신들이 발명한 기술에 특허를 신청하여 세상 어디에서 제조되는 라듐에 대해서든 사용료를 얻을 수도 있었다.

라듐은 이득을 위해서 제조될 것이었기 때문에 퀴리 부인과 그의 남편이 제조업체들에게서 사용료를 받는 것을 비난할 사람은 별로 없었을 것이다. 그렇게 된다면 그들 자신과 자식에게는 경제적인 안정을 가져오고 힘들고 단조로운 노동은 전혀 하지 않아도 될 것이며 장래 연구를 위한 훌륭한 연구실도 지을 수 있었을 것이다. 하지만 퀴리 부인은 이 발견에서 한 푼도 받지 않아, 인간 본성에 대한 믿음을 새로이하고 더욱 깊게 만든다. 그녀는 말했다. "사용료를 받는 일은 불가능합니다. 그것은 과학의 정신에 반하는 일이지요. 더구나 라듐은 질병을 치료하는 데 사용될 것이므로 이로써 이득을 보아서는 더욱이 안될 일입니다."

그리하여 마치 예수와 같은 이타로움으로써 퀴리 부인은 부와 상대적인 빈곤, 쉬운 인생과 봉사의 삶에서 영원한 선택을 한 것이다.

"그는 남극의 비밀을 찾으려 했지만 그가 찾은 것은 신의 비밀이었다"

남극에 두 번째로 도착한 로버트 팔콘 스콧 대장의 이야기보다 더 영웅적이고, 더 탐구적이고, 더 비극적인 이야기는 없다. 스콧과 두 동료가 로스 아이스 배리어에서 어떻게 비극적인 죽음을 맞이했는지에 대한 이야기는 여전히 인간성을 뒤흔드는 힘을 가지고 있다.

스콧의 사망 소식은 영국에 1913년 2월의 어느 화창한 오후 전해졌다. 리젠트 공원에서 크로커스 꽃이 한창 피어나고 있었다. 영국은 트라팔가에서부터 전해진 넬슨 제독의 사망 비보 이후 가장 큰 충격에 휩싸였다.

그로부터 22년 뒤에 잉글랜드는 스콧 대장을 추모하여 세계 최초의 극지 박물관을 세워 스콧에게 헌정했다. 극지 탐험가들이 이 박물관의 개관식을 위해 전세계에서 몰려들었다. 건물 정면을 가로질러 다음과 같이 라틴어로 로버트 스콧의 비문이 적혀 있다. "그는 남극의 비밀을 찾으려 했지만 그가 발견한 것은 신의 비밀이었다."

스콧은 테라노바 호를 타고 비극적인 남극 탐험에 올랐다. 그가 탄 배가 남극권의 차가운 물 속으로 배의 선두를 들이민 순간부터 불운이 그의 뒤를 따라다니며 그를 괴롭히고 고민에 빠지게 했다.

거대한 파도가 선체를 난타했다. 화물은 갑판에서 쓸려다녔고, 어마어마한 파도가 짐칸 안으로 들이 부어 넣는 것처럼 들어왔다. 보일러 난방기는 물에 잠기고 펌프는 막혔다. 맹렬한 파도가 마치 자신의 구유에 들어온 것처럼 그 용맹한 배를 힘없이 굴리기 일쑤였다.

하지만 이것은 스콧에게 닥칠 불운의 시작일 뿐이었다.

그는 시베리아의 차가운 툰드라 지역에서 추위에 익숙해진 작고 강인한 조랑말들을 데려왔지만, 말들 역시 고통에 힘들어 했다. 조랑말들은 싸락눈을 맞으며 이리저리 힘없이 허우적거리다 결국 숨어있던 크레바스에 다리가 부러져 총으로 쏘아 버려야만 했다.

유콘에서 데려온 베테랑 허스키 개들도 미쳐 날뛰며 정신없이 달려 나가다 빙하의 갈라진 틈 너머로 떨어져 버렸다.

그러자 스콧과 그의 나머지 4명의 대원들은 그들의 힘만으로 무게가 1천 파운드는 넘는 썰매를 몸에 묶고 끌면서 남극을 향해 마지막 장정을 시작했다. 그들은 매일 거친 얼음 밭을 서로서로 끌어주면서 해발 9천 피트의 희박하고 차가운 공기 속에서 숨을 헐떡이며 헤쳐 나아갔다. .

하지만 그들은 불평하지 않았다. 인류가 행한 것 중 가장 잔인한 여행의 끝에는 승리가, 천지창조 이래로 방해받은 적 없는 신비로운 남극, 아무것도 살지 않고 숨쉬지도 않고 움직이지도, 심지어 떠돌이 갈매기조차 없는 바로 그 남극이 있을 것이기 때문이었다.

그리고 14일째 되는 날에 그들은 북극에 도착했지만 발견한 것은 경악과 비통 뿐이었다. 그들 눈 앞의 막대기 끝에는 너덜너덜해진 헝겊 조각이 매서운 바람에 의기양양하게 펄럭이고 있었다. 그것은 바로 노르웨이의 국기였다! 노르웨이인 아문센이 그들보다 먼저 도착했던 것이다! 그리고 그들은 수년간의 준비 끝에, 수개월의 고통 끝에, 겨우 5주로 승리를 빼앗겼다는 사실을 깨달았다.

실망에 심신이 너덜너덜해진 스콧과 그의 남은 대원들은 집으로 발길을 돌렸다.

문명을 향한 그들의 비극적인 투쟁의 이야기는 고통의 서사시였다. 찌르는 듯한 바람은 그들의 얼굴을 얼음으로 덮었고 수염마저도 얼렸다. 그들은 비틀거리며 넘어졌고, 거기서 오는 모든 부상은 그들을 죽음에 한 걸음 더 가까이 데려갔다. 먼저, 그 탐사대에서 가장 힘이 센 남자였던 에반스 하사가 미끄러져 얼음에 그의 두개골이 깨져 죽었다.

그 후에는 오츠 대장이 병에 걸렸다. 발에 동상이 걸려 움직이기 조차 힘들게 된 것이다. 오츠는 그가 나머지 대원들의 발목을 잡고 있다는 사실을 알고 있었다. 그리하여 어느 날 밤 오츠는 마치 신이나 할 법한 일을 해버렸다. 다른 사람들이 살아남을 수 있도록 눈보라가 휘몰아 치는 텐트 밖으로 나가 버린 것이다.

어떤 영웅심리도, 신파극도 없이 그는 조용히 대원들에게 알렸다. "나는 밖으로 나가겠네. 얼마나 걸릴 지 몰라." 그는 영영 가버린 것이다. 그의 동사한 시체는 그후로도 찾을 수도 없었다. 하지만 지금은 그가 사라진 그 자리에 "여기에 용감한 남자가 잠들어 있다."라는 문구를 담은 기념물이 서 있다.

스콧과 남은 두 대원들은 힘겹게 나아갔다. 그들은 더 이상 인간의 행색을 하고 있지 않았다. 코와 손가락, 발가락은 얼어 부러질 지경이었다. 그리고 남극 극단을 떠난 지 5일이 된 1912년 2월 19일, 그들은 마지막으로 텐트를 쳤다. 그들에게는 각각 두 잔의 차를 만들 수 있을 만큼의 연료와 이틀은 더 버틸 수 있을 만큼 충분한 음식을 가지고 있었다. 그들은 살았다고 생각했다. 미리 매장해 놓은 보급품 창고에서 불과 11마일 떨어진 곳에 있었기 때문이다. 그들은 끔찍한 행군 한 번만으로 이제 집에 돌아갈 수 있었다.

그런데 갑자기 그들에게 비극이 닥쳤다.

지구의 가장자리 너머에서 눈보라가 울부짖으며, 너무나도 맹렬하고 날카로운 바람으로 얼음의 능선을 잘라냈다. 지구상의 어떤 생명체도 이 상황을 마주하고 살아 남을 수 없었다. 스콧과 그의 대원들은 눈보라가 맹위를 떨치고 으르렁거리는 11일 동안 텐트에 죄수처럼 갇혀 있게 되었다. 보급품이 결국 모두 소진되었다. 끝이 다가오고 있었고 스콧과 그의 대원들은 그 사실을 인지하고 있었다.

그 상황을 헤쳐나가는 쉬운 방법은 있었다. 그런 상황에 대비하여 상당한 양의 아편을 가져온 것이다. 그것을 넉넉하게 섭취하면 기분 좋은 꿈을 꾸며 잠이 들어 다시는 눈뜨지 않을 수도 있었다.

하지만 그들은 마약을 쓰지 않았다. 그들은 옛 잉글랜드인이 지녔던 훌륭한 스포츠맨십으로 죽음을 마주하기로 결정했다.

삶의 마지막 1시간 사이에 스콧은 제임스 베리 경에게 자신들의 마지막을 기록하여 편지를 남겼다. 음식은 이미 하나도 남지 않았다. 죽음이 목전이었다. 그럼에도 스콧은 다음과 같이 썼다. "울려 퍼지는 노래로 우리가 이 텐트를 가득 채우는 것을 당신도 들을 수 있다면 마음이 든든하실 것입니다."

8개월 후 어느 남극의 태양이 반짝이는 얼음 위에서 평화롭게 빛나는 날, 그들의 얼어붙은 시체가 수색대에 의해 발견되었다.

스콧과 그의 남은 대원들은 그들이 죽은 자리에 스키를 묶어 만든 십자가 아래 묻혔다. 그들의 공동 무덤에는 다음과 같은 테니슨의 글귀가 적히게 되었다.

한결같은 영웅의 기질은
시간과 운명에 의해 약해지지만 그 의지는 굳건하여
이로써 노력하고, 추구하고, 찾으려 하지만
절대로 굽히지는 않는다

- 바이런 경 -

담배를 씹고, 손톱을 물어 뜯고, 인골을 잔 삼아 와인을 마셨던 "완벽한 연인"

200년 전의 완벽한 연인은 어땠을까? 어떤 남자가 우리 할머니들의 가슴을 두근거리게 했고, 화롯가에 앉아 계신 할아버지들을 질투심에 가득 차게 만들었을까? 그 먼 옛날의 돈 후안, 발렌티노, 클락 게이블은 누구였을까?

그 대답은 쉽다. 200년 전에는 여성들에 관한 한, 낭만적인 조지 고든, 바이런 경과 경쟁할 수 있는 남자는 세상에 없었다.

그 시대에 그는 가장 위대한 시인이었다. 그의 영향력이 19세기의 문학의 판도를 바꿔놓았다. 그는 우리의 선집에서 볼 수 있는 가장 화려하고도 낭만적인 시 몇 편과 가장 부드러운 시 몇 편을 썼다. 그는 수십 명의 여자들을 사랑했지만, 무엇보다 이상하게도 그는 자신의 이복 여동생을 사랑해, 그들의 스캔들은 유럽에 충격을 주었으며 무엇보다 그녀의 인생을 망쳤다. 그들이 강제로 서로에게서 떨어진 후, 그는 그녀에게 그의 가장 사랑스러운 시 중 하나를 썼다.

> 내가 당신을 만난다면,
> 많은 세월이 지난 후에,
> 내가 어떻게 인사를 해야 할까?
> 침묵과 눈물이 아니라면.

하지만 바이론이 더 악명이 높아지면 높아질 수록 여성들은 더욱더 그를 숭배했다. 그들은 그를 너무 광적으로 숭배해서 그의 아내가 그의 잔인함을 더 이상 참을 수 없어서 마침내 그를 떠났을 때, 유럽의 절반의 여성들은 그녀를 비난했다. 이 여성들은 바이런에게 시와 연애편지, 자신의 머리카락 등을 쏟아 부었다. 한 유명한 영국 귀족 여성이자, 귀족에 총명하고 부유한 여성, 그리고 런던 전체가 그녀의 섬세한 발치에 있는 한 미인은 소년처럼 차려입고 완벽한 연인인 바이런이 그의 신성한 거주지에서 나오기를 기다리며 몇 시간 동안

비를 맞고 거리에 서 있었다. 한 여성은 그에게 완전히 정신을 잃어서 영국에서 이탈리아까지 그를 따라갔고 그가 마침내 포기할 때까지 그를 괴롭혔다.

200년 전 이 발렌티노는 어떤 사람이었을까요? 그는 발이 기형이었다. 그는 다리를 심하게 절었다. 그는 손톱을 깨물었다. 그는 담배를 씹었다. 그는 장전된 권총이 가득 찬 19세기 영국의 대낮에 시카고 갱스터처럼 이리저리 허세를 부리고 다녔다. 그의 성질은 사나웠다. 사람들이 그를 째려보면, 그의 혈압은 20포인트 상승했는데, 그 이유는 그들이 그의 기형적인 발을 쳐다보고 있다고 상상했기 때문이다. 완벽한 로미오로 칭송받던 이 시인은 여성들을 고문하는 것을 좋아했다. 결혼식 두 시간 후, 그는 신부에게 자신이 그녀를 싫어하고, 단지 앙심을 품고 그녀와 결혼했으며, 그녀가 그를 처음 본 날을 평생 후회하며 살 것이라고 알렸다. 그리고 그녀는 과연 그렇게 되었다.

그들의 부부 관계는 1년간 유지되었다. 확실히 말해 두자면, 그는 결코 그녀를 때리지는 않았지만 가구를 부수고 그의 연인들을 집으로 데려왔다. 마침내 그의 아내는 그가 미쳤는지 알아보기 위해 의사들을 불렀다.

그의 위대한 수도원 근처에 사는 시골 사람들은 이상한 말을 했다. 그들은 그의 하인들이 모두 어린 소녀들, 특히 아름답고 상냥한 기질을 가진 소녀들이라고 말했다. 시골 사람들은 그와 그의 손님들이 어떻게 긴 검은 관복을 입은 수도사로 변장하고 벨샤자르의 저녁 파티가 어머니 연합의 아침 식사처럼 보일 정도로 음탕한 집단 난교에 탐닉했는지 말했다. 상냥한 하인 소녀들이 와인을 대접했고, 바이런과 그의 친구들은 사막의 보름달처럼 빛날 때까지 닦아낸 인간의 두개골로 이 와인을 마셨다.

날씬하고 우아한 바이런은 종종 아폴로 벨베데레와 비교되었다. 그의 피부는 너무 하얘서 그를 숭배하는 여성들은 그가 "안에서 불을 밝힌 아름다운 석고 화병과 같다"고 말했다. 하지만 그들은 그가 그렇게 보이기 위해 어떤 고통을 겪었는지 깨닫지 못했다. 그들은 그가 매일, 그리고 매 시간 지방과의 지속적이고, 짜증나고, 지치는 싸움을 해왔는지 알지 못했다. 날씬하고 사랑스러운 모습을 유지하기 위해, 그는 할리우드에서도 한번도 먹어본 적이 없을 정도로 듣도 보도 못한 식이요법을 견뎌냈다.

예를 들어, 그는 하루에 한 끼만 먹었고, 그 한 끼는 종종 식초를 뿌린 약간의 감자나 밥으로 구성되었다. 기분 전환을 위해 그는 마른 비스킷을 한 움큼씩 씹고 탄산수 한 잔을 마셨다. "안에서 불을 밝힌 아름다운 석고 화병"이라는 이름을 위해! 기적이라면 그가 그렇게 까지 했음에도 그가 기근에 시달리는 지역의 해골처럼 보이지 않았다는 것이다. 그토록 싫어하던 지방을 억제하기 위해 그는 펜싱, 복싱, 승마, 수영을 했다. 그리고 그 시대의 가장 위대한 시인인 이 남자는 그가 헬레스폰트를 헤엄쳤다는 사실을 그의 불멸의 시보다 훨씬 더 자랑스러워 했다. 그는 크리켓을 할 때 7개의 조끼를 입었다. 하지만 7개의 조끼도 지방을 땀으로 제거하지 못해서 일주일에 3번 그는 터키식 욕조에서 펌프질을 하고 스스로 상처를 입혔다.

이 말도 안되는 식이요법이 그의 소화기관을 완전히 망쳐놓았다. 결과적으로, 그의 침실은 알약과 물약 그리고 특허약 냄새가 났다. 세상에서 가장 위대한 연인의 침실은 매혹적인 나무그늘이라기보다는 약사의 가게처럼 보였다.

그는 악몽에 너무 심하게 시달려서 아편에 의존했다. 하지만 아편조차도 그의 악몽을 억누를 수 없어서, 그는 장전된 권총 두 자루를 침대 옆에 두었다. 밤의 고요함 속에서 그는 소리를 지르며 이를 갈면서 일어나 권총과 단검을 휘두르며 방안을 성큼성큼 왔다갔다하곤 했다.

바이런 경이 악몽을 꾸었던 오래된 수도원에는 한때 그곳에 살았던 오래 전에 사라진 수도사의 유령이 출몰했다. 바이런은 이 검은 두건을 쓴 유령이 종종 그를 지나쳐 무시무시한 눈으로 복도를 지나갔다고 맹세했다. 그는 그 불운한 결혼 전날에 이 끔찍한 환영을 보았다. 몇 년 후, 이탈리아에서, 그는 시인 셸리의 유령이 숲으로 걸어 들어가는 것을 보았다고 맹세했다. 셸리는 당시 몇 마일이나 떨어져 있었다. 그리고 바이런은 그것을 알았다. 이상하게도, 짧은 시간 안에 셸리는 정말로 호수의 폭풍에 익사했다. 그리고 바이런은 자신의 손으로 화장을 위한 장작더미를 만들고 시체를 태웠다.

그는 그를 괴롭히는 또 다른 미신을 가지고 있었다. 한 점쟁이가 그에게 서른 일곱 살에 죽을 것이라고 경고한 적이 있다. 그는 서른여섯 번째 생일을 넘긴 지 석 달 만에 세상을 떠났다. 바이런은 불길한 저주가 그의 모든 가족을 파멸시켰다고 믿었다. 그는 서른여섯 번째 생일은 그의 혈통을 이어받은 사람들에게 치명적일 것이라고 맹세했다. 몇몇 현대 전기 작가들은 심지어 바이런의 아버지가 36세의 나이로 죽었고, 그녀의 아버지와 거의 똑같은 삶을 살았던 바이런의 딸도 36세의 생일 전날에 죽었다는 사실에 동의하는 경향이 있다.

의 생일 전날에 죽었다는 사실에 동의하는 경향이 있다.